Tell Me More

把好脾气
留给爱你的人

Tell Me More

[美] 凯莉·柯利根 —— 著　　张婧 —— 译

图书在版编目（CIP）数据

把好脾气留给爱你的人 /（美）凯莉·柯利根著；
张婧译. —— 西安：太白文艺出版社，2023.4
ISBN 978-7-5513-2295-9

Ⅰ. ①把… Ⅱ. ①凯… ②张… Ⅲ. ①心理交往－通
俗读物 Ⅳ. ① C912.11-49

中国国家版本馆 CIP 数据核字 (2023) 第 013241 号

Copyright © 2018 by Kelly Corrigan.
Reading group guide copyright © 2019 by Penguin Random House LLC.
All rights reserved.
陕西省版权局著作权合同登记 图字：25-2022-156

把好脾气留给爱你的人
BA HAO PIQI LIUGEI AINI DE REN

作　　者	[美]凯莉·柯利根
译　　者	张　婧
责任编辑	赵甲思
监　　制	黄　利　万　夏
特约编辑	路思维
营销支持	曹莉丽
版权支持	王福娇
装帧设计	紫图装帧
出版发行	太白文艺出版社
经　　销	新华书店
印　　刷	天津中印联印务有限公司
开　　本	880mm×1230mm　1/32
字　　数	130 千字
印　　张	7.75
版　　次	2023 年 4 月第 1 版
印　　次	2023 年 4 月第 1 次印刷
书　　号	ISBN 978-7-5513-2295-9
定　　价	55.00 元

版权所有　翻印必究
如有印装质量问题，可寄出版社印制部调换
联系电话：029-81206800
出版社地址：西安市曲江新区登高路 1388 号（邮编：710061）
营销中心电话：029-87277748　029-87217872

这本书告诉我们语言很重要，
我们说出的话语有着强大的力量，
可以给人带来安抚和鼓舞，
让人振作，充满能量。

——格伦农·多伊尔[1]

---

[1] Glennon Doyle，美国作家，代表作《永远不要活在别人的世界里》（*Love Warrior*）曾列《纽约时报》（*The New York Times*）畅销书榜首。

自上一本书面世以来，我又经历了一些事。

我参加了两个葬礼——

我父亲的葬礼，算是喜丧；

我朋友莉兹的葬礼，让我心碎。

和大部分人一样，

葬礼结束后，我越发想要享受生命，珍爱身边的人。

本书介绍了一些应该对所爱之人（包括我们自己）说的话，

说这些话会让一切变得更美好。

本书是献给莉兹的礼物，我相信她一定会喜欢。

莉兹[1]，我希望这本书是我们一起完成的。

不，这本书就是我们一起完成的。

---

[1] 原文是 Lizard，蜥蜴。漫画《加菲猫》(*Garfield*) 中有一个非常有名的笑话，男主乔恩 (Jon) 问兽医莉兹 (Liz，全名伊丽莎白·威尔逊)，她的名字 Liz 是不是 Elizabeth 的简称时，莉兹开玩笑说："不，我的 Liz 是蜥蜴 (Lizard) 的简称。"

目 录

Contents

生活就是这样　　001

然后呢　　027

我不知道　　051

我懂　　081

不行　　101

好的　　129

我错了　　135

你已经很棒了　　159

我爱你　　175

一切尽在不言中　　181

生活还在继续　　193

正是如此　　211

后记　　219

致谢　　221

珍·哈特梅克对凯莉·柯利根的采访　　225

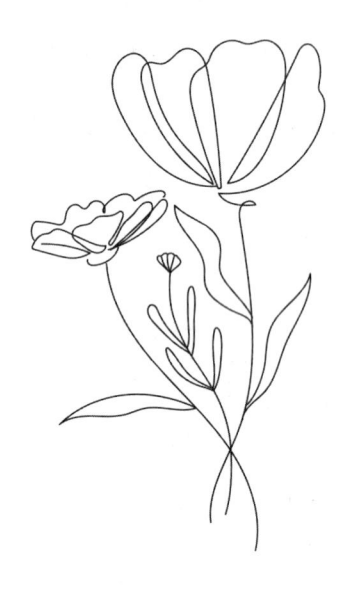

生活就是这样

It's Like This

生命不会永存，

我们会悸动，会挫败，会循环，

会情感四溢，会消失。

因为，就是这样，活着就是这样。

那天早上，并没有什么具体的理由，让我的生活彻底崩溃。事实上，它也确实没有崩溃，崩溃的是我自己。

我当然可以借口说，我之所以崩溃，是因为我的父亲——那个我打心底崇拜的人——在六十八天前去世了。眼睁睁地看着他归于尘土，我悲痛欲绝、心力交瘁，再也无法回归平静的家庭生活。我的大脑像收音机失去了信号，一根断了的弦嗡嗡作响，只剩两个念头时不时冒出来：他走了，以及，请把他还给我。

其实，我的情绪向来摇摆不定，有时像个大人，可以成熟地面对生命的法则，有时又像个小孩子，幼稚地抱怨、否认这些信条。翘首等待来信的时候，我会从充满期待渐渐变得怒火中烧。这么说吧，得梅因市赫兹①的一位客服代表手上有一段我近期给他们"反馈意见"时的录音，那段录音如果

---

① Hertz，一家全球连锁汽车租赁公司——译者注（下同）

被爆出，一定会让全网震惊。我说这些并不是要将生离死别的悲剧和日常琐事混为一谈，以显示我无法分清这二者。我分得清，也好好分清了。我会跪下来，感谢上天赐予我健康，赐予我丈夫，赐予我孩子，还赐予我中央供暖，让我不用挨冻。但我没法一直跪着。我时不时就会直起身子，嘟嘟囔囔："没有人像我一样觉得腰疼吗？"那个瞬间的我并不比当年月经初潮时的小女孩更像个大人。

说到生理期、小心眼和不理智，我不得不想到我那两个正值青春期的女儿。大女儿乔治娅，十六岁，留着沙宣头[1]，杏眼褐瞳，扁平足，还有一对迷人的酒窝。她喜欢长曲棍球和色拉布[2]，比起文科更喜欢初等微积分和化学，因为文科的答案不唯一。她对我的态度好坏取决于我给她多少零花钱和她是否需要我接送；而每当我多说她几句，她就会明显地不耐烦。她的独立让我伤透脑筋，也让我非常欣赏。她是一个世界顶尖级的拖延症患者，去参加舞会的时候，都已经坐上车了，她还在梳着她那仍旧湿漉漉的头发；送她去练球的时候，我们停好车，她才换上钉鞋。她跳舞很酷，讲故事也很有魅力，我总会被她深深吸引，甚至忘了她是我的女儿。

小女儿克莱尔，十四岁，一头金发，但在冬天会变成棕

---

[1] 又称波波头。
[2] SnapChat，一款"阅后即焚"的照片分享软件。

色;她穿十二码的鞋子,遗传了她爸爸的深蓝色眼睛,总是笑得阳光灿烂。她会打排球和篮球——这是我们让她学的;也会打长曲棍球,因为春天的时候她喜欢待在室外。如果我们不阻止的话,她会把课余时间都用来研究林-曼努尔·米兰达[1]的歌词,用在亚马逊上买到的奇怪裱花嘴给糕点裱花,或是在一年中根据不同节日办上六场主题派对。她会自己设计邀请函,在 Buzzfeed[2] 上找准备点心和布置场地的创意,挂上价值 14 美元的迪斯科灯,为她的舞池增光添彩——虽然那其实只是我们的地板而已。她上五年级的时候,在一场为期四天的标准化考试[3]中答对了所有题目,但至今还会犯把"schedule(时间表)"和"argument(争论)"写成"skedule"和"arguement"这样的拼写错误。我们觉得她可能是一个创造性天才,不过,谁知道呢,一切皆有可能。

当乔治娅和克莱尔待在一块时,会一起看电视剧《办公室》[4]的重播,或是互不搭理各自捧着手机,又或是为悬浮咒[5]

---

[1] Lin-Manuel Miranda,美国演员、作曲家、制作人,代表作有音乐剧《汉密尔顿》等。
[2] 美国的新闻聚合网站,整合了各种新闻,用户互动性高。
[3] 指建立了题库,考试难度、时间、场地、评分等各方面尽量做到标准化的考试。美国入学考试大多为标准化考试,如中学入学考试(SSAT)、独立学校入学考试(ISEE)、学术能力评估测试(SAT)等。
[4] *The Office*,情景喜剧,有英国版和翻拍的美国版。
[5] 魔幻小说《哈利·波特》中的一句咒语,正确拼法为 Wingardium Leviosa,其作用是让人或物体飘浮起来。

的念法争论不休。有时候我看着她们斗嘴，感觉跟我和爱德华吵架时的样子一模一样。如果我们能做个更好的榜样的话，也许她们也会更和谐、更幸福吧。每年，姐妹俩都会上演一两出宝莱坞歌舞大戏，跳着从《舞力全开》①里学来的舞步，这每每都会让我想起从前只是和家人待在一起就很满足的日子。当她们模仿《周六夜现场》②中加斯与卡特③的讽刺小品时，我相信，她们在未来也会一直这样亲密无间。

最后要介绍的是我的丈夫爱德华。他从小到大一直被人说长得像《花逢月满永不残》④的主演罗比·本森。但是现在，他越长越像本·斯蒂勒⑤了。他所执着的事情包括：游泳；在各个场合都全副武装；逼着他认识的每一个人看完全部五季的《火线》⑥，还得发自肺腑地赞扬这部剧；以及，金州勇士

---

① *Just Dance*，育碧开发的一款风靡全球的热舞游戏。
② *Saturday Night Live*，美国全国广播公司（NBC）出品的喜剧小品类综艺节目。
③ Garth & Kat，Garth 是弗莱德·阿米森（Fred Armisen），著名美国导演和演员；Kat 是克里斯汀·韦格（Kristen Wiig），美国演员、编剧、制片人。二人均为《周六夜现场》的常驻演员。
④ *Ice Castles*，1978 年版，主演为罗比·本森（Robby Benson），美国电影演员。
⑤ Ben Stiller，美国演员、导演，代表作有《王牌特派员》(*The Cable Guy*) 和《我为玛丽狂》(*There's Something About Mary*) 等。
⑥ *The Wire*，HBO 出品的警匪片，2002 年首播，共五季六十集。

队①。他是金州勇士队莽夫大前锋德雷蒙德·格林②的超级迷弟。自从 2016 年格林在 NBA 季后赛中踢了几个球员的裆部之后，爱德华就开始叫他"追蛋格林"。除了旅行结束回家后总要花十几天去整理行李箱和爱唠叨我去看牙医之外，和爱德华一起生活还是挺轻松的。他不讨厌家务活儿；愿意帮我染头发，用染发产品自带的塑料小刷子将我灰白的发根染成 5 号中等棕色。他极度理性，热爱他的工作，睡觉的时候总会握着我的手，尽管他并不喜欢牵手。

至于我，我这个人可以说是毫无章法。我长得像我的父亲，并且在不同方面分别跟我的两个女儿有共同点。我的头发是自来卷，但并不性感。如果我是一条狗的话，比起做美容，剃毛应该更简单。③我一直被人说牙齿很大，像玛丽·奥斯蒙④。我的肌肉很松，而且越来越松了，我的屁股和飞机场一样平。为了假装很在意这些事情，我每周六早上都会和爱德华一起运动。当额头渗出汗珠的时候，我就会慢下来——我可不太喜欢冲澡。我一周七天都穿同样的衣服，常常到下午才会穿上胸衣或是照个镜子。比起规律的朝九晚五，我更

---

① Golden State Warriors，美国男篮职业联赛（NBA）西部联盟太平洋赛区的一支职业球队。
② Draymond Green，美国职业篮球运动员，效力于金州勇士队，司职大前锋。
③ 卷毛狗毛发容易打结，美容时不易梳理。
④ Marie Osmond，美国女演员。

喜欢做时间自由的工作。我曾经自己打过一套家具，当过摄影师，还开过一家公司。我有各种奇思妙想，脑子里一天能蹦出十好几个点子。酒精能点燃我的雄心壮志，一杯瘦身玛格丽塔①下肚，我会准备申请参选州参议员。可一觉醒来，孩子们都去上学了，我可能准备一个人工作，那些雄心壮志也就消失得无影无踪了。我做过的唯一一件彻头彻尾的好事就是成为我们当地儿童医院的志愿者。每周四下午三点到五点，我都在新生儿重症监护病房（Neonatal Intensive Care Unit, NICU）照顾婴儿。

这就是我，这就是我的家庭。

接下来，说回那天早上……

我睡得很好。一如往常，在凌晨五点左右，我迷迷糊糊地去了趟卫生间，回来又睡了个把小时的回笼觉，直到突然清醒，像是窗帘被猛然拉开似的。我闻到了培根的香味，爱德华在做早餐，他的生物钟告诉他该吃点肉了。我坐起来，戴上眼镜，仔细地辨认了我的拖鞋——左边穿在左脚上，右边穿在右脚上。新的一天开始了。

我关上白噪声机②之后，听见的第一个声音就是女儿们的

---

① Skinny Margarita，鸡尾酒，通常在杯口沾上一圈盐，做盐边。
② 一种可以播放白噪声的机器。通常白噪声可以掩盖环境噪声，帮助睡眠或集中精力。

争吵，声音有些刺耳，似乎是谁又没打一声招呼就穿了谁的衣服。与爱德华比起来，我对这些争吵的忍耐度更低。爱德华可以忍一整天，任她们争来争去，而我总在第一时间就会采取行动。有理智的人都会问，如果冒烟后一定会起火，那为什么不在一切烧成灰烬前扑灭火苗呢？

原因在于：爱德华读过一本（也是唯一一本）育儿方面的书，那本书上说："让他们吵！"

让她们争吵的是一件奇尔科[①]牌圆领汗衫，是我们在塔吉特[②]花了9美元买给乔治娅的。但上周我在她衣柜里看到这件衣服被压在一大堆她不穿的衣服下面。自从她爱上黑色紧身裤配灰色连帽衫之后，就看也不看这些衣服了。我当时还在想，这件衣服可以给克莱尔穿。我不知道克莱尔会不会喜欢这件衣服，但我可以要求她穿，这样就能物尽其用了。我不喜欢浪费——面包边要吃干净，笔记本要用到最后一页，学校发的地毯要铺上。我的车跑了148412英里[③]还没换。

所以呢，是我把乔治娅的汗衫给了克莱尔。没经过乔治娅的同意。

女儿们吵到了大门口，声调越来越高。这时，电话突然

[①] Circo，塔吉特旗下童装品牌。
[②] Target，高级折扣零售店，美国第二大零售商。
[③] 每辆车每年平均行驶15000英里，故而作者的车车龄约为十年。

响了,该有个人去接听一下,就像全世界所有其他家庭一样。但在位于克雷斯特街的敝宅,电话铃就像是响起的狗哨,而我是家里唯一的一条狗。

"爱德华!电话!"

他听不见我的声音,锅里的培根刺啦作响,排风扇在转着,女儿们在门口吵吵闹闹。

我飞奔到楼上的电话边,听见那边说道:"您好!这里是乳腺癌防治基金会,我叫琼,我想给您介绍一下我们的公益长跑和手提包交换活动。"不,你不用,电话录音"琼"小姐。我得过乳腺癌,经历过化疗、手术、放射治疗,全套。真的不用了。挂断。

此时,女孩们的争吵愈演愈烈。已经不只是为了汗衫这件事,而是变成了"我总是!""你从不!"和"太离谱了!"克莱尔《家庭主妇》[①]上身般地喊道:"你根本不知道什么叫作分享,你这个自私的贱人!"

我光速般站到她面前,"你刚才说什么?"去他的爱德华的书。

"她——"克莱尔想要回答我的明知故问。

"你听没听见她——"乔治娅说。

"闭嘴!谁再多说一个字,就——"我应该给点什么惩罚

---

① *Real Housewives*,美国真人秀综艺节目。

呢？禁止她们的哪项爱好？或是让顶撞我的那位做点她不想做的？"就得每天带好时①出去散步，直到圣诞节！听清楚没？"滥用上帝的名字还带上他儿子的生日略有点不敬，但我从来就不是一个虔诚的天主教徒，尽管我爸妈曾无比努力地引导我信教。

女儿们不想遛狗，因为她们不在意这条狗。我们之所以养它，是因为朱迪小姐对我说的一句话。朱迪小姐是一位受人爱戴的小学教师，在一个返校之夜，她靠过来悄悄地跟我说："在孩子们进入青春期之前，养条狗吧。"她说，当女孩子的脑垂体分泌的激素开始影响卵巢之后，这将是唯一可以安抚她们的东西。说得没错，我想，一条狗——一个我们会爱也会爱我们的小东西，一位值得信赖的朋友。

最初的几天，女儿们确实很爱它，就像圣诞节早晨的前二十分钟一样，新奇而有趣，直到她们明白过来，这条狗是二人共有的。新奇感很快就消失了，两个人开始互相推脱该谁去喂狗，还跟爱德华谈判，要收钱才肯帮好时洗澡，爱德华真是没有一点家长的威严。很快我们就意识到，如果好时叛逃去了一个对它更好的家庭——比如朱迪老师家——没有人会为此伤心落泪。换句话说，这条狗绝不是不可替代的一员，甚至比不上两个女儿从离家5公里的超市买回来的用十七色

---

① Hershey，作者家养的小狗。

棉布制作的小玩意儿。

"女士们,有没有人愿意帮我请个美食摄影师过来?"爱德华说,"我的培根摆盘绝对可以拿奖!"

女儿们瞪着我。这一秒,我们对彼此多少都有些厌恶。我尤其火大,因为是我教会了她们"贱人"这个词,并且对她们大吼大叫,所以她们也有样学样大吼大叫。而爱德华又没有参与争吵,所以今天孩子们会更喜欢他,反正总是他更好。女儿们的争吵总是由我来解决,我还以为我会成为像米歇尔·康斯特布尔或是塔米·斯特德曼那样的好妈妈,但我不是,并且我之前看过一个育儿博客,和体罚一样,冲孩子们吼也不好,会特别打击他们的自尊心。所以,我是在干吗?我冷静下来,温柔但直白地说道:"乔治娅,克莱尔正穿着呢。这件汗衫是我给她的。如果你还想要的话,明天就可以拿回去。现在,出门吧。"

乔治娅川剧变脸般突然暴怒转身离开,克莱尔跟在后面,脚步踩得咚咚响,一样滑稽可笑。几秒钟后,我听见大女儿跟她爸爸告我的状说:"她总是偏袒克莱尔。"

"我是为了高效解决问题!"我想吼出声,但我无法为自己辩解,不仅因为那会让孩子们跟我平起平坐——根据上次和老妈谈心的经验,这是绝对不行的,而且因为电话铃又响了。这次打电话来的正是她——我的妈妈,就像她知道我正为这场调解被搞得焦头烂额似的。女儿们在和超人爱德华一起吃培根。她们怎么忘记汗衫的事儿了？

我妈妈七十几岁了（她不太在乎具体的数字）。她热衷于赌博，从纸牌游戏金拉米（Gin Rummy）到烧脑的美国大学生篮球联赛（NCAA Basketball Tournament）的场次竞猜。她总喜欢跟人赌点什么，却总是赌输。有一次，她和我的朋友杰米赌一场大学生足球赛的输赢，下注1美元，输了之后，她寄给杰米一张崭新的1美元纸币。她是一个快退休的房地产经纪人，以前也是个金发美人，穿着只追求舒适。她现在身高大约5.3英尺①。她在维拉诺瓦伍迪小巷的一所房子里，养育了我的两个哥哥和我。那个房子是在她喜爱的电影《毕业生》②（几十年后以毫厘之差负于《风月俏佳人》③在我妈心中的地位）上映的那年和我爸爸一起买的。在他们搬进去四十九年后的今天，她又在同一个厨房打电话给我，这次是为了搞清楚怎么把我爸爸账户里的常旅客里程转到她的账户里。此时，我正穿着我爸的睡衣。我爸在美国上空飞行了3300英里④，这么长的里程足以兑换一个飞机上的免费鸡肉凯撒卷。我妈从她一个朋友那儿听说里程可以在本人去世后转

---

① 约为1.62米。
② The Graduate，1967年上映。
③ Pretty Woman，1990年上映。
④ 约为5311公里。

移。她想把我爸的账号告诉我，看我能不能帮她搞定。

我特别想帮她，但不是用这种方式。

跟我妈一样，我讨厌各种附属细则、永远记不住密码、害怕所有表格。我一直拖着没有处理过期的驾照，就是因为不想去车管所排队，尽管爱德华一直告诉我可以在网上预约。呵呵，就跟那真的可靠似的。所以，我更想和妈妈聊关于爸爸的事来抚慰帮助她。我们管爸爸叫绿丸①，那是他上大学时一次宿醉之后得到的昵称。我希望妈妈向我倾诉爸爸离开后的生活变得如何单调：旅游再也没有期待，一个人看费城人队的比赛、做午间弥撒、来一杯加冰块的斯米诺②，通通无比枯燥。我想听她诉说，在和爸爸一起生活了五十年之后突然失去他，仿佛灵魂被掏空。她该和谁一起玩牌啊？但是，玛丽·柯利根不会说这样的话。这不是她需要的，现在不是，以后也永远不会是。她需要隐私、教堂和时间——而此时此刻，她需要的是询问如何注销银行账户，如何归还爸爸租来的别克以防再被多收一个月的钱，还有那些常旅客里程。

妈妈报出一串账号，我假装记下了。我想象绿丸从电话那头突然蹿出来向"小蜜桃乔治娅"和"克莱尔、克莱尔，

---

① Greenie，一种安非他命兴奋剂药片，因为是绿色的丸状药片所以被称作Greenie，可以帮助对抗宿醉、保持清醒；因为有兴奋剂效果，故而运动员通常不允许吃。

② Smirnoff，伏特加品牌，曾开创鸡尾酒先河，引发全球鸡尾酒革命。

我的蜜糖小熊儿"问好。他是这样称呼我的女儿们的,仿佛她们是拳击冠军,或者是超级碗①的业余表演者。我看到我们邻居的 SUV 停在门口,正等着送孩子们去学校。

"我的背包在哪儿?""超级大明星"之一站在楼下冲我喊着,仿佛在指控我。

"我不知道。你放哪儿了?"爱德华反问道。这是在孩子们上幼儿园的时候,她们的蒙台梭利②老师教给我们的做法。

"妈!我的背包呢?"

我捂住电话:"你放哪儿了?"

"前门口啊。"

我愿者上钩,甚至能尝到嘴里毛钩③的味道,顺势说道:"妈,我等下再打给你。"楼还没下到一半,我就看见衣柜后面露出的背包带,"拜托!不就在这儿嘛!"

"咦呃!"她拉开门,一缕清晨的阳光洒在了她的额头。我的老天爷啊,那儿该不会是有虱子吧?

我还没来得及检查,两位姑娘就走了,门被重重地关上,震得门环晃来晃去、晃来晃去,就像黑色安息日④的歌中尖锐

---

① Super Bowl,美国职业橄榄球大联盟(NFL)的年度冠军赛,是全美最有影响力的赛事,赛事中场有表演秀。
② 一种以儿童为中心的教育方式。
③ 也叫飞蝇钩,鱼钩的一种,钩上绑有羽毛。
④ Black Sabbath,英国重金属摇滚乐队。

的尾音。她们好几小时后才会回家，然后我们又会重复这些事情：再一次和好，再一次进行可能的争吵，再一次在下午帮她们梳头除虱子。

厨房里，好时正冲着一堆蛋壳呜咽，蛋壳里空空如也，煎锅里的培根已经发白了。我还没照镜子，也没吃饭，而爱德华已经冲好了澡、刮好了胡子，面色平静。他站在门口，握住了门把手。

"你要走了？"我问。

"对呀，我要去上班。"

"很好。"四秒钟之后，将只剩我一个人孤零零地待在这个屋子里，这里的气氛刚刚还剑拔弩张。

"好——吧。"他说。

爱德华打开门，一脸的解脱。我说："看见那些毛团没？你走后我就得处理。首先我得扔了你的鸡蛋壳，然后趴下来，四肢着地去擦干净桌子腿上的所有狗毛——徒手擦！"

"我们应该买一个手持吸尘器。"

你说得太对了，这真的是问题所在。我们需要一个手持吸尘器。

狗叫了。"好时！"我和爱德华异口同声。狗又叫了一声。爱德华看了看手表，问道："你想让我喂它吗？"

"我来吧。"我不希望自己变成一个怨妇，满腹牢骚惹人嫌，让好人爱德华不想回家。得振作起来，我想。

"早会结束后，我会打电话给你的。我们会搞定的，凯莉。"他说着，我猜他是说搞定所有事情吧。

"嗯哼。"我应道，目送他离家，给了他自由。我不会信他的，他以前居然还答应孩子们，要给钱让她们洗自己的狗。

我喂了好时，脑袋很疼。通常早上我都会有点头疼，因为每天晚上我都会和爱德华一起来杯烈酒——龙舌兰加上酸橙或是威士忌加上苦精——尽管这会毁了我的睡眠，甚至会毁了第二天早晨。我吃了三片阿德维尔①，倒在了褪色的亚麻色椅子上。我以前很喜欢这把椅子，但现在它成了我感觉被掏空时的专用椅子，我的发呆椅、我的放弃椅、我的悲伤椅。绿丸去世后，我经常坐在这儿，向好时寻求安慰，就像朱迪老师说的女孩子们通常会做的那样；或是坐在这儿看《拼车K歌秀》②或路易CK脱口秀片段，列出我知道自己不可能去做的待办事项。我抿着双唇，胸口发紧。我感觉自己快要哭了。我放任自己流下眼泪，反正没人在乎。身边没人会因为我的哭泣而不安，也没人因为我的软弱而厌烦。

我太累了，几乎要睡着了。我想给人打电话，但又能说些什么呢？我望着电话，觉得也许可以打给堂姐凯茜，凯茜

---

① Advil，止疼药。
② *Carpool Karaoke*，真人秀节目，名人拼车时与司机一起唱歌。原属于哥伦比亚广播公司（CBS）脱口秀节目《詹姆斯·柯登深深夜秀》(*The Late Late Show with James Corden*) 的一个部分，2016年后由苹果公司获得制作权。

大我十岁，她无所不知。我看到地上有一堆剪下来的手指甲，或者是脚指甲？

浑蛋。

"凯莉，她们还是孩子！"那个好脾气的我对自己说。为什么我不能像绿丸那样看待我的女儿们呢？帮我妈处理一下常旅客里程有那么难吗？如果莉兹——我亲爱的莉兹，年仅四十六岁就去世了，三个月前我刚刚为她念过悼词——看到我总是大发雷霆、对司空见惯的小错误大惊小怪、对日常生活毫无感恩之心，她会怎么想？

在我开始全方位地批判自己之前，门铃响了。一个身材健壮、神采奕奕的 UPS[①] 快递员递给我一个杰克鲁[②] 寄来的大信封。上一次选择困难症发作时，我为网购纠结了二十分钟。只是买件衬衫而已，但我连续吃了一个月的卡普恩[③] 早餐麦片，有些发胖，所以在两个尺码之间犹豫不决。而且，在清仓特价专区淘宝的风险还是很大的。

我用刀子划开信封，取出一件刚过季的亚麻无袖衫，正面有一个时尚的装饰性口袋。是适合平时穿的暗红色，颜色比网上的照片还要好看。赌赢啦，我告诉自己。衬衫的腋窝

---

① United Parcel Service, Inc.，美国联合包裹运送服务公司。
② J. Crew，服饰品牌。
③ Cap'n，食品品牌，其早餐麦片多为碳水，容易长胖。

处挂着一个吊牌,上面清楚地写着"一经售出,概不退换"。谁想换啦?

我三步并作两步冲上楼,脱下绿丸的睡衣,甩在衣柜前的地板上,将乳房塞进我最小的内衣。我用电熨斗熨平衣服的褶皱,这个板型看上去没有我想要的那么宽松,不过等回过神儿来时我已经穿上了它。口袋很漂亮,下摆贴着我的臀部,但中间略紧,让我有种被抱住的感觉。我扭头看着镜子里的后背,能清清楚楚地看到胸衣的轮廓,包括胸衣后面的三排挂扣。我调整了下衣领,想让它看起来不那么明显,但我的C罩杯岿然不动。我试图慢慢抚平这件无袖衫,但没什么效果。

我摆弄了好几分钟,微微出了些汗,但也只是徒劳。看来想穿这件衣服的话,我只能永远多穿件外套了。这像件紧身衣。

解决的方法只有一个。

我抓起一把女儿们的美工剪刀,像紧急医疗救护技术员(Emergency Medical Technician,EMT)一样剪开了这件衬衫。我被杰克鲁气得发疯,还有那些熊孩子、那位"好"老公,更别提镜子里的这个红脸疯女人。我气得大喊大叫,直到看见两位邻居太太带着她们训练有素的狗狗从窗下走过。

我把剪坏的衬衫和塑料包装揉成一团,用力塞进垃圾堆,这样我就再也不会看到它了。我套上一件爱德华的T恤,很宽松，有他的气息，混合了门嫩高速棒止汗膏[1]、发油和我闻惯了的他的独特体香。我脚边躺着绿丸的格子法兰绒睡衣，领尖钉着纽扣，他去世时穿的就是这件睡衣。我拿起它闻了闻，脑中浮现出那一天的场景：托盘上是他未曾碰过的酸蔓越莓汁，空气中弥漫着一个无法下咽之人呼出的浑浊气息，以及我不停涂抹在他唇上的润唇膏散发出的薄荷香，还有一丝保丽净[2]的气味，有点滑稽。这让我觉得他还活着，就像我和爱德华和好时一样。但他马上又逝去了，我深深地低下了头。

我几乎没有多想就躺回了床上。好时退后几步，又跳到我身边。我脚趾冰冷。我把手指伸进好时面颊上松软的毛发里，望着面前的墙壁发呆。地脚线上有一个蜘蛛网，还有一道划痕，那是吸尘器留下的痕迹。我打扫得不是很干净。有所谓吗？我让谁失望了吗？高乐士湿纸巾放哪儿了？也许我需要一份在办公室做的工作和一个告诉我该做什么的老板。我并不喜欢那种生活，但那样我至少可以知道什么时候该去哪儿。

我想上洗手间，顺便照了照那面有放大效果的镜子。我五十岁了，很难忽略这一事实。我身上已经长出了老年斑，

---

[1] Mennen Speed Stick，高露洁旗下品牌。

[2] Polident，假牙护理产品品牌。

而且几乎每月都会长出新的，包括鼻尖上的那个，太明显了，别人很难不去注意它。当我微笑的时候，脸颊会浮现出皱纹。咖啡毫不留情地把我的牙齿染成了烟熏棕。

我在坐下来小便之前，在电动牙刷上挤了点舒适达护齿健牙膏（Sensodyne Pronamel），刷了两分钟牙。这款老年人用的牙膏会渗入我的牙缝刺痛我的牙龈，正如几年前一个傲慢的牙医警告我的那样。该死！我翻了个白眼。下午克莱尔预约了牙医矫正牙齿，我得早点去接她。为什么爱德华从不用带女儿去见卡斯洛维医生？为什么要预约这么多次啊？他们就不能一次多做几颗牙齿吗？

为什么我总是生所有人的气？

有句话从记忆深处浮现出来："生活，就是这样。"

这是威尔常说的一句话。威尔是爱德华办公室的冥想导师，面对难题的时候，他总有很多有意思的答案。他从不穿鞋。我已经一年没见过威尔了，至今依然不太确定他说"生活，就是这样"的时候想表达什么，但我是这样理解的：这就是生活，生活就是这样，起起落落，时好时坏。我们不需要担心，因为生活对每个人都是这样，而且，就应该这样。

以前，我在爱德华办公室一个充满阳光的小角落写作的时候，曾见过威尔。那个小角落是我的梦幻乐园，有可以随意调节高度的桌子和午睡舱，还有不限量供应的康普茶和墨西哥卷饼。爱德华的老板慷慨地给了我一张空桌子，欢迎我分享所有的员工福利，包括威尔的正念课。"阿门，兄弟。"我感谢道。

威尔和我差不多高，眼睛明亮，体态优美。他说话节奏缓慢，为人沉着冷静，我只有理智在线的时候才能跟他交流。大多数时候，我会偷偷溜进他的正念课，坐在一张灰色的泡沫塑胶垫上，滑稽地摆出他教我们的姿势（呼吸，集中注意力，放松），直到他摇响那个从西藏带回来的铃铛，这意味着我们可以睁开眼睛下课了。有时候，我会留下来和威尔聊会儿天，这取决于我随大家鱼贯而出时的站位。

一天上午，威尔带我们进行了一次关于人际关系和冲突的冥想训练。结束后，我对他说："每次我家出点什么麻烦事我就会发疯，暴怒的那种。"他听了我的话却没被吓跑。我接着说："尽管我早就预料到会出现这些麻烦，但当它们出现时我仍然会感到惊恐。"

威尔点了点头说："这是人类心理的一个很酷的特征，我们总是期望自己的反应会有所变化。"

拜托……不爱穿鞋的威尔先生，你在说啥呢？"明知道事情不会有任何变化，却一直心怀期待——这，很酷？"

"对啊，虽然这会让人很痛苦，但痛苦也是很正常的。"我好笑地看着威尔，但他无视了我的眼神，"如果我们放弃改变、放弃成长，那才真是大麻烦。"

"就是说当我冲人发脾气的时候，比如说对孩子们发火的时候，我其实只是在鼓励个人成长咯。"

"我懂了。"他终于看清了我的病症所在，"你以为自己能改变别人的行为方式。"

没错。

"爱德华说我有成为'治安员'的潜质。"

威尔露出他那冥想导师式的微笑。他很喜欢爱德华。

"但是，我想改掉大惊小怪的毛病。你知道的，青春期的孩子们既刻薄又情绪化，这一点儿也不稀奇；丈夫们总是回家很晚、很忙、注意力不在我们身上。哦吼！撞了一辆停着的车、错过了截稿日期、弄丢了手机充电器……面对诸如此类的事情，你只能说，好吧，好吧，好吧。"

"好吧。"威尔想了一下，"我喜欢这个词，这个词不错。"

"我也是。可惜，我说'好吧'的时候，其实就是在说'去你的'。"

他大声笑了出来，发现我不是在开玩笑，又说道："接受事情本来的样子很困难，很多人都在和现实较劲。"威尔没有说穿，他所说的接受并不是悲哀地妥协或是紧咬牙关地忍耐。他并非建议我们逃避现实，而是希望我们始终对改变现状抱有期待。这一点他想让我自己领悟。

这些道理我早就知道。我曾跟爱德华开玩笑说："一味抗拒会让人气成溃疡性出血。"我曾在聚会时脱口而出："抗拒意味着要永远痛苦下去。"我还曾在与姐妹们的聚会上高谈阔论说:"只有傻子才会为妊娠纹、坏天气或是姻亲而责怪上帝。"这也是我如此厌恶自己的一部分原因:我知道的道理比威尔还多。

"顺其自然可能是人类面临的最常见的挣扎,"威尔说道,"从几千年前就开始了。"

天啊,我是个老古董,不知道"不要跟现实打架"先生是否厌倦了一遍又一遍地告诉我们这些平凡的小人物同样的事情。

那一瞬间,我感到自己是一个特别的人,有着特别的人才有的病灶,需要很长一段时间才能被诊断出来,甚至可能需要新的治疗方式,或者至少需要一些独门秘方。但其实我只是个普通人,一个流传千年的陈词滥调足以解决我的困扰。

我上完厕所,冲了水,穿上绿丸宽大的睡裤。我把一嘴牙膏泡沫吐到洗手池里,漱了口,龇着牙检查了一番。我放松了一下脸部肌肉,长吁了一口气,安慰自己:生活就是这样,凯莉,就是这么回事儿。

而隐藏在我清晨的挫败感中的是另外一件事,它好似一条柴火堆里的响尾蛇,随时会蹿出来。我闭上眼睛,在遥远的彼方,一件更可怕的事情安静地躺在我的脑海中。

生命是会结束的,1972年的夏天我就知道这个事实了。当时一辆救护车安静地驶离,带走了那位老太太,她曾在万圣节的时候给大家分发杏仁巧克力①。但现在，我更加近距离地接触到了死亡，看着它露出骇人的爪牙——两次——改变了生活中的一切。在我新的生活星系里，没有绿丸，没有莉兹，所有的星轨都被重新校准了。痛苦变得刻骨铭心，病痛给人致命一击。衡量生活的标尺被重置了，这让我很难把自己所看到的一切和我该如何生活协调起来。

莉兹宁愿在西达赛奈②做一周的积极化疗，来换取一个对付毛发、鸡蛋壳和指甲的早上。她宁愿放弃盆腔内的所有器官，只要能看着她的孩子们长大，长成一群在客厅玩闹的少年。

还有绿丸，他会告诉你，人生就是一场嘉年华：到处是音乐和小吃摊，还有算命先生和肌肉男。他会说："生活充满神奇，宝贝儿！"爱德华曾说过，绿丸是一个幸福的天才。所有人都认同，绿丸比任何人都热爱生活。这不是一个孩子出于对父亲的崇拜而夸大其词。而我呢？在节日的灯光下，来到绿丸身边，待了差不多五十年，而后，在一个二月的夜晚，他的手在我的手心里化作永恒。而我留在世上，一如往常，除了比以前更易怒，还重了 13 磅③。

---

① Almond Joy，好时旗下产品。
② Cedars-Sinai，顶级医疗中心，拥有世界顶级肿瘤治疗专家。
③ 13 磅约为 5.9 公斤。

失去，不应该是会永远地改变一个人，让他变得更好吗？

也许威尔那句奇怪的话——生活，就是这样——在这里也适用。这种遗忘，这种突然的软弱，这种易怒和羞耻的情绪，这种让人迷失的悲痛——生活，就是这样。思想不会停息，我们会迷茫，会徘徊，会钻牛角尖，又会恢复正常、重新开始思考。因为，就是这样，有思想就是这样；我们的心灵不会空虚，我们会情绪高涨，会压抑，会心碎，会原谅，会接受。因为，就是这样，有心就是这样；生命不会永存，我们会悸动，会挫败，会循环，会情感四溢，会消失。因为，就是这样，活着就是这样。

然后呢

Tell Me More

我突然觉得,

哪怕这次癌症会夺走他的性命,

他也已经度过了灿烂的一生,

兑现了人生最美好的承诺。

他爱这个世界,也被这个世界爱着。

最近我做了个面部护理。我平时没有这个习惯，但这是一个好心的女人送我的礼物。我曾经帮过她一个忙，于是她送了我一张礼券，邀请我去旧金山做一次全方位的高档水疗。我一直觉得面部护理是最物有所值的，护理的最后往往有几分钟的头颈按摩，会让人神清气爽。而我，非常看重价值。

我花了四十五分钟驶过海湾大桥，又花了五分钟在一个小山坡上侧停车，这极其考验我急刹车的能力。终于，我准时到了大厅。一个非常漂亮的千禧一代[①]迎接了我，她看起来精神饱满。大厅里回荡着悠扬的长笛和竖琴声，柜台上摇曳着一支香熏蜡烛，好像是茉莉花味儿的。接待员询问了我的名字，然后看了眼精致的预约本，忽地开心起来。

"今天由蒂什为您服务。"她说，"蒂什之前给您服务过吗？"

---

① 指 1980 至 2000 年间出生的一代人。

"这是第一次。"

"好的,这会是个很棒的开始。"

我换上柔软的长袍,躺在一张漂亮的按摩床上,尽力将身体伸展开来。门被推开了。

"凯莉。"蒂什语气坚定,仿佛她已经翘首等待了很久。

"你好。"我说。

蒂什有大大的蓝眼睛,酥软的胸部,梳着完美的丸子头。她的脸粉粉的,仿佛刚做了皮肤修护。确认我感觉良好之后,蒂什开始用手指温柔地探索着我的脸庞,宛如一个美学家。

笑翠鸟的叽叽喳喳声伴着西塔尔琴的奏鸣,让我精神放松。我的脑海中浮现出拉维·香卡[①]的名字,接着又想到了大学时候的朋友布鲁斯·麦克唐纳,他是拉维的忠实粉丝。我的心里涌起一丝期待,蒂什和她的治愈之手将改变我的脸庞——甚至,我的人生。但我瞬间又想起来,只有手术刀才能改变我的脸。如果精油和凝胶能有什么作用的话,每个付得起这个钱的人都应该变得很漂亮,但事实并非如此。不过,此刻我的感觉还是挺好的。

蒂什说下一步是"去黑头",这个听起来很痛的临床术语,被她用摇篮曲般温柔的声音说了出来。蒂什拿着一个又

---

① Ravi Shankar,印度古典音乐教父、西塔尔琴大师。

大又亮的放大镜对着我的鼻子，凑到我鼻子前几英寸[①]的地方，发现了好多堵塞的毛孔和暗疮，蒂什用她的金属工具将其一一挑开。我不禁想起从美国国家电台（National Public Radio, NPR）听来的一个故事——每个人的脸上都长满螨虫，一种八条腿的节肢动物。我很好奇蒂什能不能通过她神奇的放大镜看到在我脸颊和下巴上进食和交配着的螨虫。我控制住这个令人作呕的念头，把思绪拉回到拉维，还有布鲁斯。

接下来的四十分钟，我一直在琢磨老朋友布鲁斯·麦克唐纳现在过得怎么样，而蒂什则仔细地研究了我的褶皱、老年斑和鱼尾纹。蒂什知道将来我的皮肤肯定会变差。她有责任告诉我接下来的变化，也会向我推荐一些产品，免得我走弯路。

因为职责所在，蒂什向我推销了一些高级的药水和爽肤水，但并不适合我，原因有三：一是我很小气，二是我很懒，三是我很没有耐心。所以，我超级喜欢吃微波炉速食食品，戴上棒球帽遮掩脏乱的头发，使用斯外夫[②]拖把。

我觉得我应该向蒂什说明我不爱花钱，免得她在我身上浪费更多的时间。

"我在非营利组织工作了十几年，而我妈是个反消费主义

[①] 1英寸等于2.54厘米。
[②] Swiffer，便捷拖把，懒人的最爱，使用一次性擦布，即擦即扔。

者——"我试图解释自己如此省钱的原因,但最后还是直截了当地说:"总之,我不太爱花钱。我会买东西,但绝不会没节制。"

蒂什点点头,说道:"然后呢?"

她体贴的姿态让我卸下了心防,我解释道:"我的意志力极其薄弱。一天能七次打破对自己的承诺,哪怕是最容易做到的那些。我原来打算每天都好好铺床,以此来证明自己还是自律的,或者作为一种日常宣言,证明我能管理好一件什么事情。但我做不到。"

她点点头说:"您接着说。"

"我努力让生活变得更程式化,我觉得那应该会对我有帮助。"我换了个姿势,使我们更方便看着对方,"如果你能像设置自动驾驶一样,不假思索地去做一些日常琐事,就会有更多的精力去做一些大事。比如,奥巴马每天都穿同一套西装,这样他就可以少做一个决定。"自1976年以来,我在每本日记中都写下了自己的雄心壮志——成为一个生活更规律的人。但屡次自我革命失败后,我的目标只剩下一个:每天冲个澡。我认识的很多女性,良好的卫生习惯让她们看起来更美。

"习惯总是让人感到舒适。"蒂什说道。

"没错。说回我的皮肤,如果我只有精力关注一个方面的话,我希望是搞定我的额头。我甚至不需要镜子,每天从车窗里就能看见那些皱纹。我在驾驶座一坐定，就完全无法忽视它们了，它们在后视镜里看起来特别明显，让我觉得车里肯定还有另外一个人——一个我妈那个年纪的人。"我挑起眉毛，好让她明白这个问题的严重性，"我额头上好像有条八车道的高速公路似的。"

她笑了："还有呢？"我爱死她了。

"额上的皱纹是个大问题。但像我刚才说的，我不用晚霜，化妆品也都是从塔吉特买的。所以，你能给我推荐个东西，帮我解决额头皱纹的问题吗？一个就好。"

"刘海儿。"

天啊，蒂什，你有着天使般的眼睛、金色的耳朵！从没有人像你一样，如此专注地聆听过我的诉说，没有任何一个发型师、服务员、店员、收银员这样做过，甚至连我丈夫也没有，更别提我的孩子们了。从那之后，每次我修刘海儿的时候，都对你心怀感激。

最近，我用几张废铜版纸和从杂志上剪下来的图片装饰了卧室里一个又老又丑的木箱子。当我热火朝天地弄了二十分钟之后，发现这些材料不足以装饰整个箱子。那又怎样？至少站在箱子正前方6到8英尺的位置去看，它是完美无瑕的。我兴致勃勃，于是在那天下午晚一些的时候，又去厨房弄了一面《美丽家居》[1]里所谓的主题墙。

爱德华，一个大煞风景的存在，他对着硬木地板上打开的油漆罐一个劲儿地皱眉。当他看到本杰明·摩尔[2]陶土红油漆从我用来撬开罐子的葡萄柚匙上滴落下来时，脱口而出："我的天啊——"

"五分钟就好。上楼看看我的杰作——"

"没有什么是五分钟就好的，凯莉，没有！"这句话似曾相识。一两天后，他就会向我指出箱子背面没装饰好，或是哪条地脚线上的油漆有毛边。然后我就得听他喋喋不休地抱怨"做事慢点儿"，或是"遮蔽胶带是用来干吗的？！"。这些事情让我感到激动，因为它证明了我能做到；但爱德华不理解我的这种激动。每"完成"一件事情，我都会沉浸在成就感之中，而爱德华也会忽视我的这种感受。最能让一个母亲感到兴奋的就是修修补补，这一点他永远也无法体会。

有时候我觉得自己能修好所有东西，甚至是我的孩子们，甚至是人类。

现在我的两个女儿已经长成教育家和营销人员口中所谓的年轻人，有人建议我们放开手，让年轻人犯错，给她们"授权"。但不会真有人建议我们彻底不管她们吧？拜托，她

---

[1] *House Beautiful*，美国一个介绍室内设计的杂志。
[2] Benjamin Moore，油漆品牌。

们的大脑还不受前额叶皮质①的管控,她们是杏仁体②的奴隶,动不动就打架或是争吵——完全不需要理由,也不在乎结果。有一半的年轻人连微积分都能算错。

顺着青少年的情绪,真是个奇怪的逻辑。抛开这个不说,还有个理由让我无法放手,那就是爱。那份爱不会退缩,与日俱增。我曾经抱起哭泣的婴儿;陪生闷气的十岁少女们入睡;阅读关于成长的痛苦、学业压力和仪态形象的博客;在医药箱里备齐了加热垫、米朵儿止痛片③和足弓垫。当她们长大了,突然变成刻薄的女孩,我依然在这里,就在她们身边,随时准备热心地解答她们的困惑。我有什么理由不这样做呢?我也曾经历过这些,我知道答案,我可以帮助她们。要是她们能来咨询我就好了,但她们从没这样做过,除了晚上十点半之后,或是我去旅行的时候,比如说我去参加第二十五次大学同学聚会的时候。

那天,我刚抵达杜勒斯机场。我大一时的室友特蕾西·塔特尔来接我。

尽管特蕾西总说自己只有 5 英尺 11 英寸④,但实际上她有

---

① 位于额叶前部,通常被认为是脑部的命令和控制中心,运行注意、处理等较高层次的认知功能。
② 位于基底节下方,在情绪反应中起重要作用。
③ Midol,止痛片,通常用来缓解痛经。
④ 大约 1.8 米,6 英尺约为 1.83 米。

6英尺，她新陈代谢极快，跟崔姬①一样瘦。她笑得很大声，超级喜欢派对、音乐和夜宵。我们一拍即合，因为我们抽同样的烟、追同样的肥皂剧——都是美国广播公司（American Broadcasting Corporation，ABC）出品的。（虽然我俩长相迥异，但由于迎新周过后，我们整天泡在一起，大家都懒得区分谁是谁了，干脆直接管我们叫特蕾莉。）

我把行李箱扔到面包车后面，坐两个小时的车去学校。在那里我们会回想喝酒时玩的那些无聊游戏，还有一支叫"白色动物"的乐队——我们曾经那么崇拜他们，甚至为他们流泪。一群毕业五年返校重聚的孩子们过来跟我们搭讪，邀请我们一起玩投杯球，还觉得我们很可爱，这让我们意识到自己已经不再年轻。

杜勒斯周边的交通很差。原本两个小时的行程要跑四个小时，好在我们有足够的话题可聊：特蕾西把她经营了二十年的房地产生意盘了出去；我们都刚刚看了《鸟人》②，正好可以讨论下剧情；还有，我们都是当妈的人了。过去，我们常常聊天到深夜，讲自己和兰布达·齐兄弟的交往细节，而现在，我们会谈论家庭成员之间的关系直到天明。

---

① Twiggy，世界首位超级名模。
② *Birdman*，墨西哥导演伊纳里多（Alejandro González Iñárritu）执导的一部喜剧片，2014年上映。

特蕾西说，她和她丈夫汤姆最近一直在争论什么时候该放手，让孩子自己解决问题。"他超级想要他们自立，自己解决自己的问题。"特蕾西也想放手——毕竟袖手旁观听起来无比轻松。"但这是不可能的。就好像看着他们拼拼图一样，他们如此困惑，找不到方向，而你完全知道他们需要哪块拼图，它就在那里。说真的，你能忍多久不出声？虽然这会让孩子们觉得自己很蠢，还会剥夺他们自己独立完成的喜悦。"

我承认，当我看着女儿们爬树的时候，绝对做不到不出声提醒一下她们下一步该往哪儿爬。"我可以沉默八秒钟。每次乔治娅和克莱尔开始跟我说什么问题的时候——虽然她们越来越少跟我聊了——一句话还没说完，我就能给她们提出五个建议。"

"没错。但怪就怪在这里，很多时候，你给的建议都答非所问。你甚至都没弄明白他们的问题所在，也不知道他们想要什么，就给了个完全错误的建议。"

"可不。"要的是刘海儿，可不是什么祛皱面霜。

"最近我试图让他们多说话，告诉我更多事情。"特蕾西说，"我会说'然后呢？继续说，还有什么？'他们说话的时候，我尽量不插嘴，不打断他们。好比最近，比利有个教练——"

我发誓我真的没想打断，但特蕾西刚开始讲这个故事，我就接到了乔治娅的电话，她正在那头号啕大哭。

乔治娅很小的时候，爱德华和我就认为她颇为自信，甚至有些争强好胜。在特定的圈子里她确实是这样的，比如在家的时候。跟我们在一起时，她总是掌握着话语权，很有主见。看起来什么事她都能自己搞定。吃饭？睡觉？做作业？没问题，没问题，都没问题。

但她上学之后呢？在一圈六年级女孩中间的时候呢？在那里，她总会跟别人意见相左，而她不喜欢这样。我对她的看法早就过时了，只记得她学前班的老师说她"很凶"，而且我几乎没亲自去学校了解过。所以，当我听到电话那头一个十一岁的少女哭诉的时候，还以为是谁打错了电话。

"妈妈，妈妈，我讨厌六年级！这不公平，他们都在说谎。"乔治娅呜咽着。

坦白说，我最近很害怕女儿们哭，这比她们婴儿时期的哭闹更可怕，起码那时候我可以说服自己，哭是她们与大人沟通的唯一办法。那时候我也不喜欢听她们哭，有谁会喜欢呢？但在每晚五点一杯冰镇长相思——爱德华称其为红龙虾汁[①]——的帮助下，我熬过了那段日子。可现在呢？哭泣说明她们很痛苦？感受到了突如其来的不快、孤独、绝望？这种哭泣比我胸口的肿块更具威胁性，好像要把我生吞活剥了一样。

---

① 龙虾礁酒庄的长相思小有名气，其商标为一只红色的龙虾。

特蕾西在我身边，于是我打开了免提。

"大家都指责我，说我对派珀很刻薄，可是我没有。"

我差点儿脱口而出：你肯定是说了什么。她学校最新一期的《生活技能》快报强调了承担个人责任的重要性。如果我能让她看到自己的错误，也许问题就能解决。但特蕾西轻声提醒我说："让她说。"

"发生什么了？"我问。

"我什么也没说过，哪怕派珀已经吼了我十几次了！"

特蕾西对我挑了挑眉，用唇语说道："重复一遍她的话就好。"

"所以大家都因为你骂派珀而生气，但你其实并没有骂她。"

"没错！"乔治娅说，"而且她对我很凶！"

特蕾西点了点头。再来一次。

"派珀对你很凶，但大家反而骂你，说你对她很凶。"

"对啊！"

特蕾西用手画了几个圈，是让我继续的意思，于是我说："还有呢？"

"你还记得圣诞节的时候，杰基骂了艾玛吗？"

我告诉她我记得，其实我毫无印象（那一瞬间，我甚至想不起艾玛是谁）。

"可没人生杰基的气啊！"

大鼻子情圣①又教了我一手:"哦,没人生杰基的气呀。""一个都没有!"

如果是爱德华的话,他会怎么处理这件事呢?我不禁猜测起来。他绝不会"照单全收",他的标准做法是掐断这部戏,说一句"好啦好啦,没事的",然后递给女儿一块口香糖。

特蕾西轻声说道:"她一定觉得太不公平了。"这让我想起了我的朋友保罗。在一次鸡尾酒会上,他曾告诉我,但凡有人跟他抱怨工作,他都会说"你太难了",而每一次,无论他们是做什么的,对方都会回答"确实"。一开始,他这么做是因为他很害羞,希望对方主动开口说。后来他保留了这个习惯,对每个人都这样说。人人都爱保罗,却说不出确切的理由,可我心知肚明。

"这太不公平了。"我说。

"就是啊。"乔治娅的声音平稳了下来。

这件事我们已经聊得够透彻了,但我希望特蕾西看到我的孺子可教,于是问道:"还有吗?"

乔治娅的声音又响起来了,仿佛她就在我身边:"每个人都在维护派珀,但我需要人维护的时候,根本就没有人站在

---

① Cyrano de Bergerac,法国剧作家埃德蒙·罗斯丹(Edmond Rostand)代表作《西哈诺》中的主人公,在剧中给朋友代笔写情书。此处指特蕾西为作者出谋划策。

我这边！为什么谁都不帮我说话？"

"这太痛苦了，你一定很困惑吧？为什么大家对你和对派珀是两种态度？"

"没错。"

特蕾西眨了眨眼，笑了。我不得不承认，比起绞尽脑汁安慰对方或是解决问题，还不如让对方自己说，而我只要聆听就好，这可要简单多了。

"等等，妈妈，你现在在哪儿？你到里士满了吗？"

"还没，还得一个多小时吧。今晚会有个乐队表演。"我打开了一盒品客薯片。

"那可太棒啦。我得走啦。你和特蕾西塔塔[①] 好好玩哦！"说着，她挂断了电话。

"这也太神奇了！"我把薯片递给特蕾西。

"当对方说没错的时候，你就知道自己做对了。"特蕾西说，"这招儿很管用，不过不容易做到，不然所有心理咨询师的孩子都是完美小孩啦。"

试图解决乔治娅的问题，也许会让我看起来很热心，但估计很难行得通，反而会让她更丧气。同理心才是最好的解药。

我还从中学到了一些东西：我一开始不太能听得进去她

---

① 乔治娅对特蕾西·塔克尔的昵称。

的话，以为只是十来岁少女的碎碎念，但其实她的处境很有趣，也让我很有共鸣。我倒是不在乎派珀和杰基，也不在乎圣诞节时艾玛发生了什么，但是乔治娅说的深感孤立无援、受到不公正对待时的痛苦以及想要寻找避风港和安全感，这些我都明白。

我和爱德华深聊过一次（我们时不时会聊那么一次）。我告诉他，坐出租，如果风很大或是感觉会晕车时，我就会坐在副驾上。每次我坐在副驾上的时候，司机总会跟我说一些疯狂的事情。有一次，我坐车从大天空市去波兹曼机场，车程四十五分钟，路上我和那位叫马特的司机聊了聊。他说，他白天在一个公园做管理员，晚上就去跑机场线，赚点外快，好存点钱搬去泰国。他打算年底的时候去泰国，接管他姻亲的橡胶树园。次年一月，他就会在曼谷西边管理九千棵橡胶树。我问马特是否知道怎么种植橡胶树。他说："很简单的。在树干上割一刀，在底下绑个桶，就能看着钱滴滴答答地落下来了。"我在登机口候机时，打电话给爱德华，跟他讲了这段故事。爱德华提起几年前的一次应酬，当时他坐在一位老人旁边，那老人很矮小，身上穿着过大的夹克。爱德华觉得跟老人不会有什么共同语言，有点无聊。他把手机拿到桌子下面偷偷给我发短信：太折磨人了。突然，有人提到了柬埔寨，爱德华问身边的老人是否去过柬埔寨。"去过。"老人答道，语气平淡。他以前是一个政治犯，柬埔寨是他在马达加斯加被关了几年——三十二个月，同一个牢房，老鼠满地跑——后去的第一个地方。爱德华听得入了迷，一个接一个地问问题。他发现，"困住"他的这个人曾经是一个拳击和柔道冠军，无一败绩，申请了四十项专利。这个人还起诉过达拉斯牛仔队①，因为他们未经允许就使用了他设计的可伸缩屋顶。后来，乔治·克鲁尼②买下了他人生故事的版权。

"这真的让人很好奇，如果你一直不停地问下去，不知道大家究竟会说出些什么来。"

我父亲去世的那个冬天，是费城历史上天气第三糟糕的冬天。两个月内，降雪深达60英寸。情人节那天，我飞回了家。PET③检测显示绿丸得了转移性骨癌，而不是他自以为的肌肉拉伤。

二十五年来，第一次没有人来费城国际机场（PHL）接我。出租车上又冷又静，快到家的时候，我才开口："我家是这条街最里面的一栋，在死胡同里。"

---

① Dallas Cowboys，一支位于美国得克萨斯州达拉斯市的美式橄榄球队，隶属于国家橄榄球联盟（NFL）旗下的国家橄榄球联合会（NFC）东部分区。其主场AT&T体育场，有着世界上同类建筑中最大的可伸缩屋顶。
② George Clooney，美国著名演员、导演、制片人、编剧。
③ Positron Emission Computed Tomography，正电子发射型计算机断层显像，是核医学领域比较先进的临床检查影像技术。

绿丸从壁炉旁的椅子里支起身子,他裹着一件高领毛衣、一件羊毛衫、一件夹克以及秋衣、运动裤、两张毯子,还塞着一个加热垫,电线从背后露了出来。他体重最重时有200磅,现在瘦到了133磅[①]。绿丸面色苍白,脸颊凹陷,笑容看起来比平日更为明显。我不停地亲吻着他的额头,一边亲一边抚摸他光滑的白发,放任自己的情绪波动。我知道他吃不下多少东西,但看到枯瘦如柴的他,我还是很痛苦。

晚上,我们把他扶上床睡觉。妈妈跟我说他每天都会下一次楼,坐在他崭新的燃气壁炉旁边,用遥控器打开壁炉。她说他忍受着非人的痛苦——几年前,膀胱处的癌细胞已经扩散到右肩胛骨,脊椎上也发现了几处癌细胞。然而即便如此,在他每天清醒的四五个小时里,他还是他,那个积极乐观的他。

那一周,当他不在壁炉旁的时候,我、妈妈还有哥哥们就会轮流进房间看他。如果他醒着,就拉把椅子坐下陪他,如果他睡了,就替他关上灯。我们做的如此之少,我们能做的如此之少。我们陪他只看娱乐体育节目电视网(Entertainment and Sports Programs Network,ESPN),无论播的是什么节目,哪怕是保龄球。我们聊杜克大学篮球队、

[①] 200磅约为180斤,133磅约为120斤。

圣母大学长曲棍球队,还聊起勒布朗·詹姆斯[①]能否抵挡勇士队。我很庆幸我的工作和孩子们都远在加州,让我能专心陪着绿丸。爱德华一直说:"你留在那边,我们很好。"于是,我留下了。

十四天来,我帮绿丸擦亮老花镜,给他看我手机里的照片,我会把照片放大,好让他看到一些细枝末节,然后我们会聊起他所知道的那些了不起的人,他说他们是"永恒的经典"。他会滔滔不绝地谈论乔克·詹基和努德斯·诺尔克,我突然觉得,哪怕这次癌症会夺走他的性命,他也已经度过了灿烂的一生,兑现了人生最美好的承诺。他爱这个世界,也被这个世界爱着。

绿丸去世前的某个下午,我在床边陪着他。我把手伸进电热毯,握住他的手,听着他的呼吸。屋子里很静,我们都没有说话,直到他摇了摇头,说:"我做错了,宝贝儿。"我突然有些害怕,不知道他接下来会说什么,这是我平生第一次有这种感觉。他有过外遇?骗过同事?把积蓄挥霍一空了?我本想转移话题,但特蕾西·塔特尔的话又回荡在我耳边。

"怎么了,绿爸?"

他满是后悔地回答:"我应该给一个孩子取名叫杰克·费

[①] LeBron James,美国职业篮球运动员,曾效力于克里夫兰骑士队及迈阿密热火队,目前效力于洛杉矶湖人队。

伯的。"杰克·费伯是我爸大学长曲棍球队的教练。1948年，绿丸在马里兰大学开始了他的第一个赛季。那年秋天，哈里·S.杜鲁门成功连任总统。如今，费伯教练已经离世十余年了。

"绿丸——"

"宝贝儿，是他拯救了我。"

我爸一家八口，不愁吃喝，还负担得起马里兰州戈文斯市克利斯普林路一栋三室一卫的房子的房贷。我的奶奶克丽塔会做些针线活儿赚外快，她能在一周内缝制出完美无瑕的羊毛西装三件套。像那个时代的很多女性一样，她把这些收入存在一个空的麦斯威尔咖啡罐里，以防在她丈夫赌马输光积蓄的时候没有钱应急。然而，他们还是没有足够的钱支付哪怕一个孩子的大学学费，更别提六个了。绿丸高中毕业后的出路和哥哥们一样，只有三个选项：当兵、搬砖，或是拿到体育奖学金上大学。

"杰克·费伯让我好好地从大学毕了业。"

"你替他拿了不少分，对吧？你在费伯手下表现得很好。"

"不，起码一开始没有。我险些失去奖学金，他差点儿就取消了我的资格。我当时没有太在意，也不懂感恩，心思都花在了贝蒂·休斯身上。直到费伯把我叫到办公室，跟我说：'柯利根，我要扣你的奖学金。'我这才反应过来：'求你别这样。我妈妈承受不了这个消息的。让我做什么都行。求求你。'他给了我一个月的时间,让我提高我的成绩。他说:'听着,接下来照我的话做:不许旷课,我要你准时到课堂,最好早点到,坐在前排,教授看得到的地方。'我严格按照他说的去做了,宝贝儿。这很管用。要不是费伯……"他无法想象生活会变成什么样,"至少有一件事是肯定的,你的妈妈……你妈绝不会因为一个辍学的悲伤故事,就同情心泛滥地嫁给一个龅牙仔。"

我冲他笑了笑,为他的事业爱情双丰收。但他脑袋还在转个不停。"还有什么吗?"

"我把婚礼搞砸了。"

"你的婚礼?"

"嗯。"他低着头,深吸了一口气,"太多伴郎了,好多人要给我敬酒。"他和我妈是1962年结的婚。

"爸,没事的。"也许他曾是个粗心的新郎,但他绝对是个细心的丈夫。"绿绿,妈妈她肯定已经不介意了。"在他生命的最后几周,我一直试图给他取个更亲昵的昵称。

"不。我们应该办个婚礼彩排晚宴的。那样的话,正式婚礼上就可以不管柯利根家的繁文缛节了。但汉克和克丽塔没钱办这个。所有的致辞都放在了结婚那天,明明那天的焦点应该全放在你妈妈身上的。"

太多人敬酒?这件事情竟然一直压在他心头,记了整整五十三年,直到他去世前三天还在提?绿丸低下头看了看自己的手。我克制住了想要安慰他的冲动。他叹了口气,看起来还有别的话要讲。

"还有别的事吗?"我问。

"宝贝儿——"他顿住了。

"怎么了?"

"汤米——"绿丸的眼睛闪耀着光芒。汤米是我母亲的哥哥,她很崇敬他。汤米四十多岁的时候因为脑癌去世了。"我没有照顾好你汤米舅舅。我应该更用心的。汤米是个很特别的人。"

汤米舅舅去世时,我才十二岁。我记得他总是在微笑。他喜欢打池塘冰球[①],拿到了普林斯顿大学的一个硕士以上学位。他时常给我的哥哥们带一些他认为有趣或者实用的书来。我妈妈对他在政治、投资和教育上的观点深信不疑。最重要的是,汤米总会让她很开心。有他在身边的时候,她会更加放松,更加随和,像是轻快的小调,而非悲哀的挽歌。

"你的外公,他——"绿丸想了一下,"他真的很难搞,哈利——真——难搞。"我笑出了声。我父亲的内心小剧场里有很多虚构的角色:薄脸皮蒂米、疯子医生、私校呕吐怪。"我觉得柯利根家就是一群小丑。但是汤米——堂堂常青藤联盟的金童——却一直替我说好话。就这么一步一步地,让你妈

---

① 户外冰球,在池塘、湖泊等自然结冰的冰面打冰球。

妈全家都接受了我，包括你外公。"

"汤米舅舅是个好人。"

"他临终之前我应该多去看看他的。他很喜欢我。我总能逗他笑。他喜欢柯利根家的一切。"

"妈妈常说你们在一起很开心。"

"我本可以做更多，和他再多相处会儿。我应该每周去探望他一次。"他的声音很低沉，仿佛不是在对我说话，而是在向上帝倾诉，"我欠汤米太多了。他为我们扫清了障碍——"他伸手指着主卧的方向，那是我妈妈睡觉的地方。所有话题都回到他的妻子身上，他觉得正是因为她，我们原本贫瘠的人生才变得如此丰富多彩。

我们都没再说话，然后他看着我，热泪盈眶。

"对了，宝贝儿，在那几年后，莱茵福特神父快要去世的时候——"莱茵福特神父是柯利根家族的"御用"神父，是他主持了他们的婚礼和葬礼，并为这个家庭的每个孩子洗礼。我不知道莱茵福特神父和汤米有什么关系，但我已经习惯了爸爸的跳跃性思维。"我去了巴尔的摩，坐在他的床边，陪他度过了一个漫长的下午。我们一直在聊天。"他举起双手，像皮影戏那样，让两只手互相倾诉。

"那很好呀。"

"是啊，你知道吗？他去世之后，照顾他的修女跟我说——她叫什么名字来着？我忘记了。但我记得她跟我说：

'你的来访对他来说意义重大。'"他看向我，脸上满是泪痕，泣不成声，"宝贝儿，她说，这对他意义重大。"

"当然。"我靠向他，轻声说道，"你是个好人，绿丸。"我的眼泪滑落下来，"全世界最好的人。"

一分钟后，我递给他一张纸巾。他鼻涕眼泪流了一大把。

"谢谢。我就是忍不住——滴滴答答地，停不下来。"他一声长叹。

"还有什么吗？你可以跟我说。"

"就这些了。"他因焦虑而紧缩的眉头舒展开来，额上的皱纹也消失了，"我没事了，宝贝儿。"

我们点了点头，紧紧攥住对方的手，不留一丝缝隙。

我不知道

I Don't Know

做好你该做的,凯莉,

然后躺下来,不要总想掌控一切。

正如神父所说,人生啊,就是个谜。

去抒写你自己的谜题吧。

1978年6月的一堂游泳训练课上,我第一次遇见了玛丽·霍普(Mary Hope)。大家管她叫MH。那年我十一岁,她年长我一岁,但从胸部的发育状态上一点儿也看不出来。她跟我一样是平胸,穿着尼龙泳衣瑟瑟发抖。我们用橡皮筋绑住后面的肩带,站在跳台边。她看起来很友善,但我还是没敢搭话。MH是个游泳的好手。她戴着专业泳帽。我看过她做前滚翻转身,还有蝶泳。而我,很有自知之明,只会蛙泳。

第二年夏天,在切萨皮克湾的基督教青年会[①]的托克沃营[②]里,我又遇见了MH,她穿着太平洋牌[③]粉色灯芯绒短裤,在梨球场排队。而那天,妈妈送我去营地时,让我穿了哥哥布克的沙滩裤,我超级生她的气。MH朝我挥了挥手,她还记

---

① Young Men's Christian Association,YMCA,全球性的基督教青年社会服务团体,通过社会服务活动丰富年轻人的精神生活。
② 一个夏令营活动。
③ Ocean Pacific,OP,美国服装品牌。

得我的名字。但她是尤特组，而我是奇克索组①。我冲她笑了笑，却没有停下脚步，我可不想和前辈没大没小。

十年后，我搬到了加利福尼亚州，在那里，MH 是我唯一认识的人——如果曾在同一个泳池游泳和去过同一个夏令营就算认识的话。一开始，我只在有问题的时候才会去请教她，比如，去哪儿能看到蓝天使飞行表演队的表演，还有如何申请停车许可证。但 MH 非常热心，把我纳入了她的社交圈。有几个晚上，我们一起在联合大街喝得烂醉，打那之后，我们变得无话不谈。

毫无疑问，在人生的道路上，MH 也胜我一筹。在我每天睡过头、以五彩谷物麦圈当晚餐的时候，她已经在欧特克②供职，加入了 401K③。她和未婚夫利昂住在一起，利昂是一个温文尔雅的俄国人，经常骑着一辆摩托车。MH 有自己的衣帽架和文件柜。她给眉毛上了眉蜡，还参加了读书俱乐部。我记得有一次周六晚上，我看着她做饭，她一边漫不经心地在三文鱼排上滴了几滴橄榄油，一边说着她要去卡梅尔出差。我觉得她是我认识的人中最有威信的。当时 MH 二十八岁。

---

① 在托克沃营，不同年级的女生分在不同小组。尤特组由八年级和九年级女生组成，而奇克索组由六年级和七年级女生组成。
② Autodesk，世界领先的设计软件和数字内容创建公司。
③ 指 401K 退休计划，是一种由雇员、雇主共同缴费建立起来的完全基金式的养老保险制度。

几年后，我与爱德华坠入爱河，而她和利昂也即将成婚。我们在自己的闺房打电话，分享彼此的消息。

"感恩节我要跟他回家啦。"我说。

"我把避孕药停掉啦。"她说。

"他搬来和我住啦。"

"我的月经已经推迟十天了。"

"我们订婚啦！"

"我怀孕啦！"

那是 2000 年的夏天。人类基因组图谱刚刚绘制完成，埃连·冈萨雷斯与他的父亲在古巴相聚[①]，艾伯特·戈尔有望成为总统[②]。我是一个新婚妻子，而 MH 是一个年轻又上进的移动通信专家，她瞒着自己怀孕的事在旧金山早出晚归。生活有条不紊。

眼看就要度过怀孕的头三个月，她第一次通过 B 超看到了宝宝的轮廓。一周后，MH 突然见红，她赶忙去看了医生。胎儿没有心跳，她不得不做了扩刮宫术，清理了子宫。生活似乎不再称心如意。

[①] 2000 年 4 月 22 日，六岁的古巴男孩埃连·冈萨雷斯被美国移民局特工从亲属家强行带走。此前埃连随母亲偷渡去美国，母亲遇难身亡，埃连则获救抵美，由叔叔收留，引发一场有浓厚政治意味的监护权争夺战。

[②] 在 2000 年夏天的民意调查中，戈尔的支持率高过小布什，但在十一月的大选中输给了小布什。

MH的妇产科医生告诉她,她的卵子"质量不是很好",不过她还是能够再次怀孕的。而这第二次怀孕在刚听到胎儿心跳不久后又结束了,她不得不再次做了刮宫手术。另一位医生告诉她,她的情况很"罕见",怀上胎儿和保住胎儿对她来说都很困难。但她在第二次刮宫的六个月后,还是决定第三次怀孕,而这一次她几乎没跟任何人说。怀孕十周的时候,MH听见了胎儿的一声心跳,我们在电话里小心翼翼地庆祝了一下。"这次会成功的。"我说。八天后,B超检测到她的腹内一片死寂。她的主刀医生见过太多有生育问题的女性,以至当MH第三次去他那里做刮宫手术的时候,他都没认出她来。

"我觉得这一切都是我的错。"我们在MH马林县的家中后廊里喝茶的时候,她这样说道。MH说着,扔了个网球给她的狗狗。"不管我怎么做,总是不能达到健康状态。"她已经戒掉了酒精,每天散步一小时,每晚八点就睡觉。她去做了针灸,每周都会做按摩。她给我看了看背上的红色痕迹,说她去拔了火罐,是用来调理气血的。她拒绝了一次晋升的机会。为了消除所有可能的压力,她甚至休了假。然而,这一切都没什么效果。"什么都没用,而且没人知道原因。"

在她努力成为妈妈的第四个年头,MH去看了一个新的医生。这位女医生听了整段故事后,对她说:"在我们讨论治疗方法之前,我想先告诉你,你随时可以停止治疗,没人会责怪你。"这便是一切的转折点。"她说我们可以停止治疗,让我们有了心思去思考其他的可能。"MH 说道。从那天开始,他们不再问"为什么",而是开始寻找其他可能。

他们开始考虑接受捐赠的卵子。最初某次咨询时,MH 拿到了厚厚的一份捐赠者名录,但她完全不知道该挑选哪个。"每个捐赠者都非常健康,所以我开始考虑其他事项。我该选个和我长得像的人吗?还是选择一个我喜欢的长相?我该不该考虑一下她们上过哪所大学?谁的 SAT[①] 分最高?她们擅长什么运动?因为所有这些都写在了里面。"他们在纳帕度过了一个漫长的周末,经过深思熟虑,也咨询了别人的意见,最后决定选择收养。

一位收养方面的专业律师告诉 MH,第一步要制作一个"为什么是你?"的小册子,这份四页纸的彩色广告将会被送到全美各地的青少年女性怀孕诊所、内城医院[②] 和基督教妇女联谊会。我拍了几百张 MH 和利昂的照片——手挽着手的、在廊下的、一起做煎饼的、带着狗散步的——还和其他几位编辑一起,帮助他们将他们的生活浓缩为六句话:"我们吃有机食物,定期做运动;我们的父母很友善;我们接受过良好的教育;我们家有一间空出来的屋子,可以用来做很漂亮的婴

[①] Scholastic Assessment Test,美国高中毕业生学术能力评估测试。
[②] 美国医院的一种,通常位于内城区,主要为贫民服务,为非营利性机构。

儿房；我们喜爱旅游和阅读，珍惜与家人相处的时光；我们努力工作，但不是工作狂。"在每页纸的下方都写着一个800开头的号码，大写加粗，拨打这个号码会直接转接到MH的手机上。小册子设计完成后，利昂去金考①印了十一箱回来，而我和MH则在六百个马尼拉纸信封上贴好邮票、写上地址。

接着，不断有人打电话过来：有根本没怀孕的青少年，有怀孕了想卖掉孩子换点钱的青少年，也有夫妻、情侣。有一对莫德斯托市的高中生情侣，要求MH带他们去丹尼餐厅②吃了饭，随即又发邮件说他们还是打算自己养孩子。

两年后，乔治娅和克莱尔都已经出生了，MH终于接到了来自北加州一家医院的电话。那是一个周日的下午，她正在收拾行李，为接下来去德国出差做准备。电话那头说，有个小女孩出生了，她的生母找了一个社工，浏览了一堆小册子，都是那些求子若渴的父母寄过来的。MH和利昂是这位母亲的最终选择，但他们永远不会知道为什么。"感觉太不真实了。"MH说，"我都不知道发生了什么。"

当MH和利昂走进新生儿重症监护病房后，一位穿着碎花上衣、脚着红色木屐的护士抬头看了看MH，又低头看了看怀里的婴儿。这位护士名叫卡罗尔，她对婴儿轻声说道：

---

① Kinkos，连锁复印店。
② Denny's Corporation，一家连锁餐厅。

"妈妈来啦,就在这儿,妈妈来接你咯。"卡罗尔找了一间私密的房间,让MH和利昂可以第一次拥抱他们的女儿。MH后来告诉我,她当时觉得难以置信,又感到十分神奇,浑身不停地发抖,嘴里只会说"你好……你好"。

我第一次抱伊丽莎的时候,她才两周。

我感觉很神奇,翻着花样赞美她:伊丽莎是天使,是奇迹,是世间出淤泥而不染的一朵莲。伊莉莎的奶嘴掉了下来,她叫了一声,我对此很熟悉,克莱尔当时也是这样的。MH大笑着,把奶嘴塞回伊丽莎嘴里。"我不知道这孩子会长成什么样。"MH说,"但到目前为止,我敢说她完全知道怎么才能得到自己想要的。"

"我不知道这孩子会长成什么样。"乔治娅出生还不到一天时,我们就已经开始讨论她的特征和行为都是遗传自哪位家人。在产房里,看她遗传自母亲的眼睛和来自父亲的长脚趾,是我们认出她的一种方式,如此理所当然而又让人快乐。我们确定,孩子是我们生的。她是我们的,她身上的每一寸都来自我们家族的某个人。两周后,我们开始说些心知肚明的话——"这孩子很聪明"以及"她爱干净"。

但是,MH不曾经历过九月怀胎,她不曾几千次地轻抚着肚皮去猜想着她的孩子,她不曾在伊丽莎的脸颊上寻找过属于自己的深深的酒窝,也不曾期待她的孩子会遗传她丈夫的数学天赋。MH和利昂接受了抚养孩子的使命,但并没有期待她会传承自己的生理特征和梦想,而是任由她自己去探索她的本性,不带任何成规,哪怕她会绕弯子或是走岔路。

十二年后,MH还是这样说:"我不知道这个孩子会长成什么样。"但现在她会加上一句:"但她自己知道。她很清楚自己是什么样的。而我不过是在人生的旅途中陪她一程。"

作为一名家长,能说出"我不知道"这句话,是极为谦逊的——谦逊而又高明。我自问是做不到的。我对我的女儿们有自己的看法,我知道她们是怎样的孩子,也知道她们会成为什么样的人,所以当她们作出改变的时候,我会很不开心。上帝啊,请帮帮我女儿吧!她曾经那么喜欢寻宝游戏、抓人游戏和大合唱,现在连参加个驯鹿游戏都犹犹豫豫的;她以前参加了三个运动队,现在却全退了,跟她的新朋友伊摩琴在商场试用各种化妆品;她以前喜欢男孩子,现在却喜欢女生。爱德华说过,当我发现乔治娅不再喜欢鹰嘴豆泥的时候,我几乎感到整个人都被背叛了,"你说过你爱死鹰嘴豆泥了!"

从小到大,我的哥哥们都很擅长各种运动。冰球、触身式橄榄球、高尔夫、长曲棍球,甚至是飞镖、保龄球、台球和颠球[①]这些非传统项目他们都玩得很好。而我却是被啦啦队开除的两名女孩之一,尽管我的声音很大,在隔壁市都能

[①] 互相传接球、不让球落地的游戏。

听得见，而且拉德诺掠夺者①的白色运动衫穿在我身上也很好看。从那时起我就放弃了体育，转而培养体内的艺术细胞，直到现在。

我有个朋友叫安娜，极富创造力，最近她来加利福尼亚看我。因为各种原因，我们很投缘。我们能够成为朋友的一个原因是，我们都清楚生活中要么充实心灵、要么壮实肉体，但不可能二者兼得。我们会像其他人讨论靶心率②那样，大谈特谈当代小说。然而，我一个不留神，安娜就找了个私人教练。（这个叛徒！）在做了一年平板支撑和波比跳之后，她胳膊的线条变得像米歇尔·奥巴马那样优美，穿什么都好看，甚至穿莱卡面料的衣服都没问题。

"天啊，我要是有这个基因就好了。"我的肩部线条很丑，因此总是穿有型的夹克，这让我看起来起码老了十岁。

安娜大笑："那只不过是你给自己找的借口罢了。"

我深深地点了点头，郑重其事地，仿佛我真的同意她这个观点一般。但其实我心里想的是，她在说什么？她是想说我的生活一团糟？还是想说我现在的身体质量指数（Body Mass Index，BMI）并非无可避免？呸……

---

① 宾夕法尼亚州拉德诺中学的橄榄球校队。
② Target Heart Rate, THR，进行有氧运动时，最有效而安全的心率，可以提高心血管机能。

事实证明，我是个化繁为简的鬼才。我有个朋友，她的前任是一个自恋又堕落的男人，而她是很多人的梦中情人。结婚二十年后离婚，然后又花了十年时间去疗伤止痛。要是我才不嫁。民主战略如此复杂，在我看来不过只是最高法院的一个案件。我大力宣扬所有的传统观点：教师是牺牲自我的圣人；管理层都玩世不恭、不知人间疾苦；女人总是在道歉；男人太爱说教；妈妈们要抚养孩子，总能一心多用；而爸爸们负责烧烤和倒垃圾，认为"一切都很好"；以及，我讨厌爱猫人士。

我唯一的自我安慰：我并不是世界上唯一一个喜欢贴标签的人。

我患癌的时候，大家把许多令人钦佩的品质硬贴在了我身上。这个故事很长，是我另一本书[1]的主题。长话短说，我三十六岁那年，一次洗澡的时候，突然发现胸部有一个 7 厘米长的硬块。我去做了活检，一周后得到了结果。我在淡紫色的躺椅上坐了八小时，接受化疗，注射了化疗王牌药物——阿霉素。十天后，我的头发掉光了。我成了一个秃子，在我的两个孩子还在穿纸尿裤的年纪。我就是一个活生生的警告，但没人愿意听：疾病说来就来，没有征兆。

---

[1] *The Middle Place*,《中间地带》, 2008 年出版。

几周后，我和爱德华注意到，我们每次对话都会陷入同一循环。癌症是我们的敌人，治疗是必经的旅程，而我是英雄，我必须扛过这次浩劫，击退海怪，胜利归来，"非复吴下阿蒙"。"你太勇敢了！""这是家族遗传吗？""可真是敲响了警钟！"——对我说过这三句话的人数不胜数。

我勇敢？第一次在病床上看到自己名字的时候，我像个被蜜蜂吓跑的小屁孩儿一样号啕大哭。我接受了一个四十五分钟的门诊手术，在锁骨下植入一个输液港①，以便护士们给我注射各种化疗药品。术后，我无意间听到主刀医生对爱德华说我"特别情绪化"。看到医院"无须疼痛，让我帮您"的标语，我才会放松下来。我每天得吃十几粒药丸——软化大便的药、缓解焦虑的药、助眠的药、治疗口腔溃疡的药、缓和骨头疼痛的药，还有减轻恶心症状的药。凡是可以用药物缓解的，我都选择服药。

对于遗传因素，我感觉大家是希望我家有这个基因的——我想这样他们就可以告诉自己，如果家族没有这个遗传病史，他们就安全了。而我呢，和近90%的乳腺癌患者一样，病症是自发的，并非来自遗传，这是大家不愿正视的事实。

---

① 一种输液装置，完全植入体内，可以提供长期的输液通道。输液港植入皮肤下，对日常生活没有很大影响。

如果我说癌症敲醒了我、改变了我的人生观，大家一定会觉得这是个大团圆的结局。然而，我并不需要这样的警钟。我在非营利机构工作了十年，一直都很清醒。每周花点时间，带花旗银行的中层经理去旧金山田德隆区的过渡性住房①转一圈，你就越发能感受到自己过得有多么舒适。至于婚姻，我在婚前参加过二十四场婚礼，每次都能抑制住自己对于单身的恐慌。因为我只想要对的那个他，无论他是怎样的人。直到现在，我仍会在晚上触摸爱德华的身体，确认他是我要找的人。我的孩子们？我熟知 MH 的故事，我另外三个朋友分别有子宫内膜异位、宫外孕、多囊卵巢综合征、精子活性低以及精子运动率慢的问题。因此，当验孕棒显示两道杠时，我抱着它激动地哭了。不过话又说回来，一个年轻的母亲患上了癌症第三期，大家总是想搞清原因来安慰她的，我又怎么能指责他们呢？

我试过几种不同的说法，来应付"你真勇敢"和"真是敲响了警钟啊"这些话。最后我发现，最好的答复是："人生在世，难免不称意。"不过我还是会归咎于自己，显然这也不能怪别人。我抽了十三年的烟，毕业十年也没戒掉酗酒的毛病，就连确诊癌症之后，我还会吃含有生长激素的肉和奶制品，还会把生菜装在塑料盒子里，然后放进微波炉加热，再

---

① 为无家可归者提供的住所，最长可居住二十四个月。

吃掉。我一天要喝三罐健怡可乐，喝咖啡的时候还是要加料，根本不在乎那些跨国集团往咖啡伴侣里加了什么。我有啤酒肚，一直没减掉，尽管很多健康组织都声明，腹部脂肪和癌症高度相关，他们还推翻了我对运动的认知，说在跑步机上用最慢的速度跑十五分钟没什么用。

所以，你明白了吗？我作出了错误的选择，所以生病了；如果选择正确，就能保持健康。

只有一小部分人可以理解事物的复杂性，能够与复杂或未知的事物和平共处。我喜欢这类人。相比那些囿于成见的人，跟前者在一起让我更有安全感，尽管"我不确定"和"差不多"这种话非常招人厌烦，就像体臭一样，让人避之唯恐不及。（还记得电影《开放的美国学府》①中的情节吗？当主人公斯皮科利承认不知道自己为什么要做那些事情的时候，汉德老师狠狠嘲笑了他。）我不理解为什么大家更喜欢简单的答案，而不愿意坦诚面对自己的无知。我是说，没有任何一张励志海报上会写着"尚在思考中"。我和爱德华讨论了很久，得到这样的答案：因为当你作出改变的时候，其他人一点儿都不喜欢这种改变。

我不喜欢自以为一切尽在掌握的感觉，更不喜欢那种我

---

① *Fast Times at Ridgemont High*，1982年上映。主人公斯皮科利放荡不羁，影响了一代人。

"应该"知道的感觉。看看我们投过的票吧,加州政府希望知道我对于平权法案和大容量弹匣武器未来前景的看法,他们确实应该这样做,我可是有国家认证的学位证书[①]的;美国银行借给我三十年的分期贷款;阿尔塔贝茨萨米特医疗中心两次把我和我刚出生的孩子送回家,而这些无法自力更生的婴儿长成了青少年,总想从我这里得到各种答案。

我的朋友萨拉,娇小可爱,聪明勤奋,总是坚持要给我一个爱的拥抱,尽管她得踮着脚才能够到。她跳过了七年级,十七岁就上了哈佛大学。她很喜欢科学,也很喜欢小朋友,因而成了一名儿科医生。她见过各种症状,单是在我们这个小家庭里,她就帮我们看过脑膜炎、肺炎、眩晕和严重到需要动刀子的扁桃体发炎。

有一天,我们在一家常去的餐厅喝咖啡吃早餐,萨拉说她昨天刚面诊了一个她很喜欢的病人。她不能透露病人的姓名,于是管所有男孩都叫"萨姆"。这个"萨姆"是一个四年级学生,他总是笑得很开心,经常说"谢谢"。据他的数学老师说,他近来有些爱捣蛋,所以被带来看病了。萨拉称呼那个带萨姆来看病的人"他妈妈"。他妈妈注意到萨姆的阅读速

[①] 作者有英语文学硕士学位,与公共政策关系不大。该句与后两句都有反讽之意:居然问我法案,我真的理解吗?居然批了三十年的贷款,我真能还清吗?孩子们问我很多问题,我真的都知道答案吗?

度很慢，而且不能按指示行事。妈妈查阅了 WebMD[①]、健康线[②] 和一个叫 Totally ADD[③] 的网站，确信萨姆绝对是患有注意力缺陷综合征，这并不让人感到意外。

"我把萨姆带进诊疗室，他妈妈希望能尽快给他做个诊断。"萨拉说，"他妈妈说她的侄子服用了哌醋甲酯，很有效。"萨拉有孩子，她明白那种想尽快知道结果的心情。"她想要一个治疗计划，但我给不了。我不知道萨姆到底怎么了。也许这就是他的成长阶段，也许他讨厌数学，或是讨厌他的数学老师，或是讨厌他的同桌。他妈妈对这种状况很失望，对我也很失望。她看起来好像超希望自己的儿子有什么精神疾病似的，哪怕是误诊，也比现在这样要好。"

萨拉说她做见习医生时最大的收获就是，终于敢说"我不知道"，并坦然面对父母们的失望。那种失望是可预见、可理解的。"他们想要答案，并且已经在网上找到了答案，准备给孩子治疗了。家长们花了整个周末上网，内心已经有了一个判断，难道是来听我说我不确定，或者我需要更多信息才能确定的吗？"她摇了摇头，"但我必须这样告诉他们，我需要花时间去问必要的问题，深思熟虑，不断收集信息。"

---

① 美国互联网医疗健康信息服务平台。
② Healthline，美国受欢迎的健康网站。
③ 帮助成人多动症患者的平台。

读博士一年级的时候,萨拉在见习中遇到了唯一一例婴儿猝死综合征(Sudden Infant Death Syndrome,SIDS)。那个婴儿是家中的第三个孩子,当时只有四个月大,在被送到日托的第一天,下午午睡时去世了。"一周后,我去那家回访。"她说,"他们有很多疑问。婴儿猝死综合征可能是有某些诱因的,比如妈妈生小孩时不满二十岁,妈妈抽烟,多胞胎,等等。但这些跟他们家、跟这位妈妈都不符。"她想起这件事,顿了一下,摇了摇头,"好比有人自杀了,却没留下任何字条。"萨拉说着耸了耸肩,"有时候,原因并不重要。这个家庭不应该再钻牛角尖,而是要直面痛苦。但想做到这一点,需要很长时间。"

我想起了堂姐凯茜,她的儿子亚伦在一次车祸中丧生。亚伦在那个错误的夜晚坐上了错误的车。那天晚上早些时候,凯茜还和他在一起,他打算晚餐后去参加一个派对。凯茜觉得天气不太好,路面会很滑,便极力劝说他不要去。她使出了她的两大撒手锏——魅力和幽默:"跟妈妈回家啦,那些家伙明天都还在呀。我们一起看部电影,我给你做爆米花……"但亚伦说:"我就待一小会儿就回来……"

"我问了自己十年,为什么会这样?有段时间我满脑子都是这个问题。"她想了十几种原因,但都不对。没一个说得通。最后她终于明白:发生了,就只是因为会发生。车会打滑,会翻掉,会撞树。金属会弯曲,玻璃会碎掉,车顶会凹陷。那是辆车，那是具肉身，这些都是实际存在的物体，都遵循这个世界的物理法则。看清楚这一点，她接受了这个事实，调整了心态，终于释然，连呼吸也更加畅快了。

生活中有上面那些小问题，也有些事关人生的大问题。比如，关于上帝我有过无数个态度：从忠实的信徒到暗自相信，再到大方地表明信仰却抱有几分怀疑。我走过了所有阶段，最后发现自己又绕回了起点。现在我只想说：我不知道自己是如何看待上帝的，他可能是儿时祭坛后的神父所讲的那般，也可能是长大后所听说的任何概念。但我知道我对信徒中的很多人抱有好感，我充满感激，我努力感知世界的神奇，正视内心的感受，并为这一切感到惊叹。但我什么都不确定。我不"笃信"，不像我的父母。

我的父母成长于20世纪40年代的巴尔的摩，在那里，没有人会怀疑上帝的存在，就算有，也不会说出来。大家周五只吃鱼①，特蕾莎修女被封为圣人，天堂肯定存在，你将和你所爱的人在那里得到永恒——没错，没错，绝对没错。

"宝贝儿，我该怎么说呢？那个时代可单纯多了。"有次我问及家庭信仰，爸爸这样回答我，"我们认识的所有人都信天主教，周围全是教徒。"

---

① 周五是天主教的小斋，不能吃肉。鱼类不算肉。

"我们不敢去质疑，"妈妈补充道，"也不想质疑。"

小时候的我还是很高兴当个天主教徒的。虽说做弥撒的时候，有些词我不太明白，比如神圣啦，使徒啦，还有入侵什么的；虽说我很困惑"和撒那"①究竟是称赞耶稣还是上帝，又或是其他什么同样值得崇敬的人；虽说看到哥哥们可以把一小瓶圣水递给神父，而女孩子们只能乖乖坐在长椅上的时候我很生气。但我很喜欢圣餐的味道，喜欢熏香的气息，喜欢风琴的声音，喜欢当我们挥手告别的时候互道"主赐你们平安"。还有，好吧，我最喜欢的一点就是，男孩子们也会去教堂做弥撒。

最帅的那些会参加上午十一点一刻在圣凯瑟琳教堂举行的弥撒。圣凯瑟琳是一座用砖砌成的教堂，我们叫它圣基蒂。教堂坐落于韦恩一角，周围被加油站环绕。教堂里的圣坛位于中央，而不是靠近某一边，正好方便我仔仔细细地观察男孩们，寻找查理·瑞安、安迪·希恩，还有超级可爱的肯尼·格雷夫斯。肯尼有一头浓密的棕色头发，夹杂着亮眼的蜜糖色，红润的脸颊，脸上挂着狡黠的笑容，还有一颗完美的痣，一个字——帅。他的姐姐莱斯利则是我两个哥哥的心上人，所以我只要跟随GT②和布克的视线就能找到我欣赏的

---

① Hosanna，赞美上帝时的欢呼。
② 其中一个哥哥的名字的简称。

男孩。做弥撒期间,我一直在偷偷看他,还在祭坛假装偶遇。一旦遇上,我就会吐吐舌头,稍稍低下脑袋,希望纯良的肯尼能对我印象深刻。

我和哥哥们每周做一次弥撒,爸妈则是每天都去。除此之外,天主教还有两项大事:大斋节和忏悔礼。每年春天,除了大斋节要斋戒外,妈妈还会带我们参观教堂内部,给我们讲耶稣受难和复活的故事,这些故事被刻在十四块大理石上,栩栩如生,我们称之为"苦路十四站"。"事实就是这样。"她总会这样说,仿佛那些浮雕和法庭记录一般确凿无疑。

我并不是很期待忏悔礼,不过向一个能明辨是非的权威坦白,让他指引我远离罪恶,还是挺让人安心的。在忏悔室里,我最常忏悔的就是说脏话和偷我爸的钱,之后,帕特神父会让我念两遍《圣母经》和三遍《天主经》。只要默念几遍祷词就能获得心灵的救赎,可太划算了。我哥哥GT选择面对面忏悔。他得在神父面前的那张金属折叠椅上正襟危坐,直视神父的眼睛,逐条坦白自上次忏悔以来,他所犯的所有戒律。我不清楚GT说了些什么,但他的行为展露出一种我所没有的坚定信念。记得有一次我坐在长椅上,打开一本皮面精装《圣经》,看到上面写着亚当活了五百三十年,翻了个白眼。对着《圣经》翻白眼的罪过,得念多少遍"万福玛利亚"才能赎清啊?

我经常问我爸爸，信仰天主教有没有什么让他开心的地方，这对加深我的理解很重要。"我告诉你，"他会这样说，"天主教门槛很高，对我们要求很高，这点我很喜欢。其他宗教都没有忏悔礼，宝贝儿。没有任何一个其他宗教每天做弥撒。你知道有多少牧师和拉比愿为这每天一次的聚会鞠躬尽瘁死而后已吗？"我回答说我希望没有。他笑了："我是说，每天做一次弥撒是个很高的门槛。这是个很特别的教义。"

上大学后，我就没时间做弥撒了。每周六我们都会浪到大半夜，导致周日睡到中午才起，吃点油炸玉米饼和蛋糕当早午餐，下午则穿着平角短裤和姐妹会① 的运动衫，坐在图书馆前面的坡地上，来上几听健怡可乐和几根特趣巧克力棒恢复精力。大一的时候，我收到过奶奶的一封信，信中说如果我感到悲伤或困惑，就应该和耶稣聊聊。说得好像耶稣是我"闺密"似的。我把这封信给特蕾西·塔特尔看了，她才是我的人类朋友，我的真闺密。我们哈哈大笑，说我们完全可以对彼此倾诉。不过，我一直保留着这封信。我还是挺高兴的，如果我出事的话，在耶稣、奶奶和特蕾西之间，总会有人挺我。

大三快结束的某个星期天，我从晚宴上溜走，去参加了

---

① 兄弟会 (Fraternity)、姐妹会 (Sorority 或 Women's fraternity)，美国、加拿大等国家大学中的学生社团组织，一般由有一定家庭背景的学生建立，社团通常以希腊字母命名。

当天最晚的那次弥撒,我自己都惊呆了,特蕾西当然也是。这是我整个大学生涯唯一一件自己一个人去做的事情。

之后的姐妹会会议是强制参加的,会上我们会讨论些非常"重要"的议题,比如"校内文化衫:品红配湖绿还是湖绿配品红?"在晚宴和姐妹会会议之间的那个钟头,我抓紧时间去了教堂。当我踏进那个地方,看着高挑的天花板,一瞬间感觉自己变得非常渺小。我喜欢这种感觉,不是和耶稣谈心,而是熏香沁人、风琴动听、互道安宁。我凭着肌肉记忆做完了弥撒,这也让我很开心。或许,我的信仰源自思乡。做完弥撒,我穿过校园,那伴随了我整个童年而深植于心的优雅乐声,让我感到内心的平静与孑然笃行的坚定。我想,也许这就是人们说的做完弥撒之后能感受到的"精神归乡"之感吧。

之后的十年中,我一直忙于非营利组织的工作、在国外当保姆、去上夜校,几乎不怎么参加宗教活动。十年后,我和爱德华准备结婚。虽然我们开玩笑说可以在约塞米蒂的草地上举办婚礼,但我深知我们终将步入圣托马斯。那是一座有着一百五十年历史的教堂,双螺旋结构,距离我伍迪小巷的家半英里[①]。为了确定婚礼日期,我们必须完成婚前培训[②],

---

① 约为 1.6 公里。
② Pre-Cana,在天主教堂结婚前必须参加的课程。

这是个婚前准备课程，包含财政、同居、姻亲、信仰还有其他十五个课题，让你了解婚姻中的方方面面。培训是从一份问卷开始的，问卷里有一百六十句描述，比如"我信任我未来的伴侣""婚后看色情作品是可以接受的""我未来伴侣的家庭会影响我们之间的关系"等等，我们得回答是否赞同这些观点。

我们完成了问卷，对比了一下彼此的回答，然后将它交给了旧金山圣玛丽大教堂下属的一家办公室，那个办公室很质朴，我们在那里仔细地讨论了答案中的每一处分歧。这次咨询花了我们整整二十个小时。引导我们讨论的是蒙席[①]约翰·奥康纳阁下，他年过七十，长得很像史蒂夫·马丁[②]。他拿来一碟曲奇和两杯薄荷茶招待我们。为了缓解紧张感，我讲了几个笑话，逗得他哈哈大笑。他谦逊而认真，数次重申自己虽然没有结过婚，但在过去五十年间，已经给几百对夫妇做过咨询。他的口头禅是"我们无法预知未来，但我们可以学习了解彼此——更准确地说，是要一直了解彼此"，这样我们的婚姻才不会有问题。我很喜欢他，也能感受到他的爱。教会努力让我们的婚姻保持健康，我心存感激。

[①] Monsignor，罗马教皇授予为教会做出过杰出贡献的天主教会神职人员的荣誉称号。

[②] Steve Martin，美国演员、编剧、制作人，代表作有《疯狂外星人》等。

接下来的四月，我们结婚了，吉米叔叔首先发表了祝词，他是"初代吸血鬼"[1]中最高大、最健谈的。"初代吸血鬼"是堂姐凯茜给我爸和他的兄弟姐妹们取的绰号。吉米夸赞了婚宴几句，然后看向我的母亲，又转向爱德华，他说希望爱德华做丈夫的水平能比他的高尔夫球水平要好。我的哥哥们附和了几句，开了几个"重新发球"[2]的玩笑。然后吉米叔叔讲到了重点，我原以为他要讲上帝，结果却是告诉我们要尊重未知事物。

"我不知道你们在布道会中听过没有，等等，啊找到了——"他说着，拿出一张字条，那是他在举办仪式的时候写的，"你们听到神父说什么了吗？他说：人生啊，就是个谜。我已经很老啦，我经历过很多事情，我敢说这句话说得太对啦。人生就是个谜。所以啊，爱德华，凯莉，这杯敬你们的谜题。"

人只有在遇到危机的时候，才能揭示自己真正的信仰。就在我患上乳腺癌的那个秋天，我爸爸也患上了膀胱癌。爸爸亲自去拿了诊断结果，在安排好一系列检测并谢过医生之后，他和妈妈一起去了他们最爱的圣科尔曼大教堂。而我的

---

[1] *The Originals*，《吸血鬼日记》的衍生剧。
[2] Mulligan，高尔夫球术语，指在非正式比赛中，经过球友同意再多打一次。

检查结果是我的产科医生打电话通知的,我在爱德华的怀里缓了好久,然后去阳台喝了一杯科罗娜①。随即,我们打开笔记本电脑,搜索"浸润性导管癌"的相关资料。爸妈信赖上帝,而我们信赖谷歌。

我和绿丸都是癌症三期,但他的情况更严重一些。他病变的位置在膀胱周围,加上年龄比较大,让情况更为复杂,治愈的希望也更低。他的一个主治医生私下跟 GT 说,我们应该"陪他享受最后的一年"。我们无法想象绿丸离我们而去,甚至无法想象他一整天卧床不起的样子。他如此有活力,怎么会死掉?他一定不会有问题的,我如此坚信,是因为九个月后,接受了两场手术与一组化学加辐射疗法的绿丸竟然去泽西海岸冲浪了,还说来年冬天要去打池塘冰球。

大伙儿都说:"这真是个奇迹。"大家都没敢期待绿丸会康复。这太难解释了。但我妈不这么觉得,她完全知道她丈夫的康复归功于谁。"全世界的人都在为你的父亲祈祷。"她说。"全世界"主要指的是我的朋友查理,他住在莫斯科,很喜欢我爸爸。但我从未替绿丸祈祷过。我没有那么坚定的信仰,不会渴求上帝答应我什么,也不想成为一个,用现在年轻人的流行语说就是——无事不登三宝殿,急来临时抱佛脚的人。

我爸爸康复后,我和特蕾西·塔特尔聊过一次天,提到

---

① Corona,墨西哥啤酒品牌,美国进口最多的啤酒。

我父母坚信祈祷的力量，认为是上帝拯救了他们。特蕾西并不觉得奇怪，但也并不同意这个观点。她认为与其讴歌上帝莫名的荣耀，还不如夸赞人类的聪明才智。"真不明白为什么人总是推却功劳，好像我们很没用、完全不知道如何照顾自己和身边人似的。"换句话说，让绿丸康复的并不是祈祷，而是工程师们发明的腹腔镜手术剪刀，还有替他摘除了九个肿瘤的医生们。或者是化疗起了作用，又或是医生处理病例颇为谨慎。我喜欢特蕾西对事物的看法：请赞美人类的努力和伟大的发明吧！

但随即，我想起了那个让我们做好最坏打算的泌尿科医生。十个月后，当他确认我父亲已经恢复健康的时候，他说他无法解释我爸"到底"是怎么好的。我真该夸这名医生吗？他只是耸了耸肩，说"没人知道"我父亲为什么能活下来。也许在讴歌上帝和夸赞人类之间，还有无限个其他可能。

此时此刻，我敢打赌，我妈一定在为我和哥哥们祈祷，她希望他们能继承她虔诚的信仰，但他们似乎只会开走她深蓝色的别克，顺便拎走她剩下的夏敦埃酒，那是她从隔壁特拉华州买的打折品。"我跟你说，凯莉，"她跟我说过几百次了，"祷告很有用的，你应该试试。"我最接近祷告的行为就是点头致谢，比如在吃到一颗好吃的牛油果时，或是缓解了疼痛时，或是遇到麦克古因老师这样五星级公立学校教师的时候，我都会这么做。晚上，我爬上床盖好被子，有时候也会想："谢谢您赐给我枕边这位好男人，还有隔壁那些姑娘。"但我这里的"您"并没有特别指谁。

伯克利和奥克兰的咖啡馆布告栏里总是贴满各式海报，喧嚣着他们的信仰——坦陀罗[①]！气内脏[②]！念珠冥想！这些周末研讨会的广告满天飞，带你发掘热情、找回自我、坚定目标。我回到费城，发现高中同学都戴着金色十字架；开车驶过广告牌的时候，发现广告牌的内容是让我带孩子们去参加圣经夏令营。我通常都不太理会这些海报，因为他们要求太多了，不过我又有什么资格说这些呢？如果真的存在某种东西可以将全世界七十亿人联结在一起呢？正如伏尔泰所说，怀疑虽不令人愉悦，但总好过荒唐的笃定。

有时候女儿们问我上帝的事情，我会告诉她们人类有不同的信仰，没人知道这些是不是真的，我也不知道，但我希望上帝是存在的。我告诉她们有些东西虽然确实存在，但依然充满谜团，很难解释。比如，世上有六百种不同的毛茛属植物，有神童，也有利他主义者。爱德华则告诉她们，成为父亲是他一生中最神奇的经历，但他也不知道为什么自己会这么觉得。"你们会懂的。"他如是说。

[①] 印度教的一支。

[②] Chi Nei Tsang，国外比较流行的腹部按摩。

这些年来，女儿们偶尔会谈论人死后会如何。我告诉她们，有些人认为他们会去天堂，那是上帝手中的一片乐土，还有人觉得死后会永远活在他人心中。而爱德华说死后会化作泥土，从而成为生物圈中永恒的部分。"如果你们问绿丸的话，"爱德华补充道，"他会告诉你们天堂是真实存在的，而且你们一定会喜欢那儿。"如果我问绿丸为什么我会痊愈，他一定会说这都是上帝的安排。我告诉绿丸，我痊愈是因为我做了四次化疗，他会露出会心的笑容："宝贝儿，你还不明白吗？你觉得为什么会有人愿意花时间来治疗别人的癌症呢？"

这就是为什么我无法完全抛弃上帝。如果我们只是高等动物，或是冰河时期的意外，那我们为何想要行善？也许这是一种社会契约，也许是因为有轮回转世的存在，又或是弗洛伊德所谓超我的体现。别问我。我只是一个外强中干的童子军司令，强装出来的笃定都是为了让小兵们镇定有序，而当我独自在营帐中对着折叠桌上摊开的地图，拿着铅笔的手都在颤抖。

我不知道为什么MH不能顺利地怀孕生小孩，也不知道北加州的那位生母，为什么会在一众"为什么是你？"的小册子里选中MH。也许她喜欢狗？又或是觉得利昂在俄罗斯度过的童年很有趣？也许那位生母从MH的姿态中看出她已经准备好了？是从她眼中看到的吗？我不知道我现在做的哪些事情之后会被孩子们嫌弃，也不知道我的教育方式会给未来带来什么麻烦。我不知道昨晚为什么睡得很香,而前天晚上只睡了一个半小时。我不知道什么时候又得去医院,也不知道到时候我是躺在床上的那个还是陪床的那个。我不知道爱德华的新事业会不会发展得很好。我不知道我支持的那些法律条例,比如禁枪、提高教师待遇、免费提供避孕用品等等,能不能真的解决我担心的那些问题。

我努力成为一个特别的人,可以接受各种复杂的事物,能够与未知和平共处,能够打开心房。我告诉自己:世界上有很多事情你不知道,你无法知道,甚至永远也不会知道。我尽量控制自己,不妄图理清每件事情。我不断地提醒自己,生活并不总是随心的,也许一开始会照你的想法来,让你觉得一切都很美好很顺心,让你相信万物皆有规律,而随即又打碎你的信仰。

做你该做的。我告诉自己,然后呢?找一块草坪,坐下来,把膝盖抱在胸前,让你的一切所见所闻交织成你专属的表演,盛大登场,汇聚成你独有的万行史诗。小草搔弄着你的大腿,天空变幻莫测,时晴时阴,回响着一场布道会,或是婚礼上的祝酒词,又或是奶奶寄来的一封信。记住那些美好的瞬间,日光浴,满是家的味道的意大利面。做好你该做的,凯莉,然后躺下来,不要总想掌控一切。正如神父所说,人生啊,就是个谜。去抒写你自己的谜题吧。

我懂

I Know

我们可能会受伤,可能会心碎,

但我们还是可以充满活力,富有思想,

还是很有价值,

只要我们会说"我懂",就好。

在讲其他东西之前，我想先聊聊我的朋友莉兹。我花了十五年才真正了解她，然而一旦真正认识了她，我的人生观也随之被重塑。

我是在旧金山的一家夜店认识她的。20世纪90年代末，我和爱德华经常做一些很酷的事情，比如去旧金山的夜店。那天晚上，超级大屁股正在台上表演，那是一支十五人的放克乐队，演奏的是20世纪70年代的流行歌，像是《女士之夜》①和《亲爱的给我你的心》②之类。莉兹挽着安迪的胳膊走了进来，安迪是爱德华最好的兄弟。那晚的莉兹穿着亮片短裙，显得身材高挑，我一眼就爱上了她的风格，谁又不爱呢？她很放松。她和安迪从恩西尼塔斯过来，参加了一场婚礼。婚

---

① *Ladies Night*，1979年发布，原唱为库尔伙伴合唱团（Kool & The Gang），美国著名爵士及放克乐队。
② *Give It to Me Baby*，1981年发布，原唱为里克·詹姆斯（Rick James），放克教父。

宴结束后，他们打了辆车过来跟爱德华的新女友打招呼。

我瞬间就察觉到，莉兹对爱德华关怀备至。三年来，只要爱德华需要女性朋友的意见，一定会去问莉兹。他们曾一起开车去太浩湖，白天登山赏湖，夜晚去路边一家名叫水晶洞的赌场，和一个名叫欧内斯特的荷官玩二十一点，有输有赢。他们在荷兰鹅①对饮铁锚蒸汽拉格啤酒，争论政治和女权等话题。每次爱德华搭讪和约会的对象她都要评论一番。不作尽职调查的话，她可是不会签署新女友同意函的。

不幸的是，那晚我表现得不太好。我多喝了几杯大都会②加冰，一饮而尽，那个时候，我每周六都过得跟世界末日似的。我的穿着看起来很蠢，特别是我背的那个迷你背包。那是我在玖熙③大甩卖的时候买的，每次背上它，都会觉得它之所以被甩卖，一定是因为背包太小，小到让人忍不住笑出声问："你是背着一打扑克牌吗？"太小了。对了，那晚我舞跳得也不太行。综上所述，我们的第一次会面并不理想。

第二天早午饭的时候，我猛灌咖啡想从宿醉中清醒过来，男人们聊着安迪创业公司的运营状况，说些税息折旧及摊销前利润（Earnings Before Interest, Taxes, Depreciation and Amortization,

---

① The Dutch Goose，旧金山门罗帕克地区一家传统美式餐厅。
② Cosmopolitan，经典鸡尾酒，口感酸甜，适合女士饮用。
③ Nine West，美国品牌，女式皮鞋箱包制造商。

EBITDA）什么的，我和莉兹聊起了东西海岸的不同（她也在两地都生活过），还有研究生院的事。我在旧金山州立大学拿到了英语文学硕士学位，而她是杜克大学公共政策硕士。莉兹很聪明，见多识广，没有什么话题会让她感到不可思议。服务生上了一叠法式吐司，我们随之聊起了医疗健康话题。莉兹提起农村地区健康保险覆盖率，我边听边点头，好像我真的了解似的。其实我从没听过健康维护组织①这一保险形式，也不知道联邦医疗保险②和联邦医疗补助③的区别在哪儿，抑或根本都一样。爱德华插话说，里根总统说的"社会医疗"④其实就是迈向社会主义的第一步。那一餐我吃得很饱，我没想到莉兹懂得那么多公共政策，也没想到她和爱德华那么亲密，甚至让我感到些许威胁。临别前，我急于让她记住我，怎样记住都好，于是我给她讲了一个笑话，她一顿爆笑。

随着时间的流逝，我和爱德华已经决定共度余生，而爱德华和安迪是好兄弟，所以我和莉兹也顺理成章地亲密起来。

---

① Health Maintenance Organization，美国医疗保险的一种形式，优点是保费比较便宜，缺点是就医选择少。
② Medicare，针对六十五岁以上老年人或符合一定条件的六十五岁以下残疾人的保险，没有家庭收入限制。
③ Medi-Cal，针对低收入人群的医疗保险。
④ Socialized medicine，最早由杜鲁门提出的全民医疗保险计划，遭到美国医疗协会（American Medical Association，AMA）的强烈反对，攻击其计划是"社会主义医疗"，是社会主义入侵政府的第一步，使得计划流产。1961年，里根发表公开演讲，抨击反对社会医疗。

我们共度过几个周末，大多是在别人的婚礼上。她和琳达·伊万格丽斯塔[①]一样多变，苗条的身材能驾驭千般造型，让我羡慕不已。金发及肩或是棕色短发，无论染成什么颜色、做成什么造型，都好看。我总是话很多，而莉兹则不怎么说话。但她爱笑，让我很开心。她很爱安迪，像少女一样迷恋着他，让我感觉特别可爱。但除此之外，我不太确定我们的友谊会不会更上一层楼，甚至几年后我依旧会这么想。

莉兹成长于一个外向而开放的家庭，但她本人却很低调，让我很是诧异。比起诉说，莉兹更爱倾听，她的提问往往不是为了理解对方的话，而是为了帮助对方完善自己的观点。安迪则更加亲和，跟我们柯利根家的人很投缘。他很厉害，是尼克松运动手表的创始人，这家公司现在发展得很快，但没有人知道具体的信息，甚至莉兹也不知道。托尼·霍克[②]真的会成为尼克松运动手表的代言人吗？他们什么时候会制作潜水表？尼克松运动手表在欧洲的销量如何？

相识五年后，我了解的莉兹是这样的：不害怕出国旅行，黄金时段带着三个孩子去购物也没问题，一月去冲浪也不在话下。我只见莉兹喝醉过一次，姿态依旧优雅。她没有把自己摔进沙发，而是慢慢地坐了下去。她没有砸光锅碗瓢盆，

---

① Linda Evangelista，国际超模。

② Tony Hawk，美国滑板巨星。

而是好好地拿出来放在炉子上。她在抓人游戏中表现出色，反应很快，甚至能抓住掉下的马克笔，还能从屋子的另一头把一颗烂葡萄准确地扔进水池。当我偶尔想她的时候，就会模仿她的姿态，哪怕我只是在整理物品。

后来我们两家有了四个蹒跚学步的孩子，都是女孩。我们开始一起度假——去墨西哥、科罗拉多、蒙大拿或是亚利桑那。莉兹让我和安迪安排大人们的活动，因为我们只一心考虑哪里可以喝个爽、哪里可以打牌。而她则负责孩子们的事情——规定午睡时间、确保有适合孩子们吃的东西。

聚餐的时候，我看着莉兹，想知道她对事物的看法到底是怎样的。洗好碗后，我们会聊一些妈妈们的话题——如何让孩子们进入好学校，还是说这样是过虑了，其实只要让她们去上最近的公立学校就好，就像我们父母当年做的那样。我们讨论各自的丈夫，他们的工作，他们未来的职业发展如何。她会讲她在看的那些书，或是关注的政治活动。然而，关于爱或痛苦的情绪，婚姻关系紧张和家庭功能失调这些话题，我们只字不提。

儿子德鲁是莉兹的第三个也是最小的一个孩子。德鲁一岁左右那年，莉兹在做瑜伽的时候，感到腹部持续不断地异样疼痛。几个月后，她的朋友杰西卡坚持要求她去看医生，结果核磁共振显示她的卵巢里有一个13厘米长的肿瘤，从那时起，她的病情每况愈下。七年的时间里，她四处求医，看过二十五个医生，做过二十三次扫描检查、四次手术、两个临床试验以及八十八次化疗。八十八次啊！一位有同情心的医生认为，在她的生命消逝之前，给她一个没有病痛的下午可以让她更好地思考，身心更加宁静，于是给她注射了一针氯胺酮[1]，事实证明确实如此。

一天早上去探望她时，我提出想陪莉兹去做化疗，她同意了。我们带上几本杂志，几瓶水，还有一顶软帽子。我们开着她的面包车去输液中心，路上一直听着喷火战机乐队[2]的歌。到了那里，莉兹向所有人介绍了我，像我爸以前做的那样：前台这位叫珍，一楼那位是塔拉。我们坐在靠窗的位置，她最喜欢那儿。护士杰里拿来莉兹的检查报告，她的白细胞数目看起来还比较正常。莉兹说，再过三个礼拜，杰里就要结婚了，然后她问杰里和婚宴承办人的争执解决了没有。在这里，莉兹和平时不一样——与人交流时她不再被动，而是处于主导的地位。回去的路上我跟莉兹说，她和医护人员的相处方式让我想起了绿丸。约访中，他们大可以专注地讨论她的血蛋白和肿瘤标志物指标，但莉兹不愿这样。护士们很喜欢她——她关心他们的生活、他们的计划、他们美好的未来。

大约一年后，我再次陪莉兹去了输液中心。她依然是那

---

[1] 一种麻醉剂。

[2] Foo Fighters，美国经典摇滚乐队，代表作有《学习飞翔》(*Learn to Fly*)等。

儿最年轻的病人。她签署了文件，开始输液。她躺在乐至宝（la-Z-boy）沙发中，抬头看向我："凯莉，我觉得我治不好了，千万别告诉安迪。"我还在消化这句话，她又转头问杰里的婚后生活过得好不好。这是有史以来，她告诉我的第一个秘密。

我们一起度过了七个感恩节。最后一个和前六次一样开始：我们喝着鸡尾酒，看五个孩子自导自演的小品。四个家长一致同意，2015年的表演《动物视角》是最优秀的，剧本逻辑清晰，让人不禁思考同理心到底有多重要。长久的谢幕过后，我们用彩色美术纸做了一串小旗子，称为"感恩旗帜"。每个人负责装饰一个角落。晚餐时，我们轮流说出一个名字，感谢在这一年中与他们的相遇：新任棒球教练、小羊排——莉兹送给孩子们的贵宾犬、亚利桑那州一位临床试验研究员。

晚饭后，孩子们收拾桌子，安迪和爱德华负责洗碗。莉兹躺回床上。她已经坚持得够久了。我跟着进了屋，并不害怕，以前我也这样做过。

我们都清楚，莉兹时日无多了。上周她做了两次腹腔穿刺，每次都抽出超过十升的腹水。绿丸临终前的那个月也做过同样的手术。

我们假装要看《逍遥法外》[①]，欣赏维奥拉·戴维斯修理费城警局。但几分钟后，莉兹突然关掉了电视。

"真希望明年也能看表演。"她说。

"我懂。"

莉兹告诉我，她再也承受不住了。她太累了，非常痛苦。她希望能在家里死去。"就在这儿，"她说，"在这张床上。"

"放心吧。"我说。

我哭着亲吻了莉兹的手，这是她唯一不疼的地方。我们相顾无言，唯有泪千行。直到我开口，第一次大声告诉她："我会非常想你的。"我告诉莉兹，我们第一次伴着超级大屁股跳舞的时候，我没想过她会成为我如此重要的朋友，而不只是爱德华朋友的老婆。我告诉她，我多么希望能够更深入地了解她，过去一两年间我们聊的天是我人生中最深刻而亲密的。我告诉她，她是如此特别，如此有趣，如此独一无二。她是不可替代的。莉兹说我帮了她很多，我这个朋友"非常好"。她一直说"谢谢，谢谢，凯莉"，而我说"我好开心终于懂你了"。我保证会让她活在孩子们心中，除非我老糊涂或是说不出话了，否则我一定会告诉孩子她的点点滴滴，一遍一遍绝不会不耐烦。我们啜泣着，离开的时候，我轻抚她的

[①] *How to Get Away with Murder*，ABC 出品的律政题材电视剧，维奥拉·戴维斯（Viola Davis）领衔主演。

脸颊，在她唇上吻了三次。

两周后，12月12日，在那张床上，莉兹离开了我们。

不久后，我去旧金山参加一个公益募捐活动，想了解一个叫凯瑟姆营（Camp Kesem）的非营利组织。这个组织旨在帮助那些父母患癌或父母因癌症去世的孩子们。爱德华回东海岸工作了，我只能一个人去。

活动是在一家名为"蓄电池"的豪华俱乐部举行的。我乘着玻璃电梯上到顶楼，一位风度翩翩的大胡子酒保接待了我们，递过来一杯特调鸡尾酒，向我保证这是用他们最好的龙舌兰调制的。营里的年轻人散发着夺目的光彩，青春而纯真。他们周旋于上百位宾客之中，感谢我们的到来。唐胡里奥[①]让我整个人都热起来了。我马上让酒保为我续了一杯。

活动开始于一部短片，播放着精心挑选的赞歌，结尾的时候呼吁我们每一个人"以自己的方式"贡献力量。我碰巧坐在营地负责人身边，她是一位受过高等教育、很有说服力的女性，以前在贝恩[②]任职。我想都没想就脱口而出，我说我夏天时可以在他们的某一处营地当志愿者，或许我可以带领孩子们编撰杂志，又或是帮助本部向更多人宣传营地的管理

---

① Don Julio，产自墨西哥的龙舌兰酒。

② Bain & Company，世界顶级战略咨询公司。

经验。她把手机递给我,让我留下了自己的联系方式。

四个月后,那杯酒的魔力早已消失殆尽,我开了三小时的车向东来到加州灰熊公寓的营地。那里有八十五个孩子和五十一位辅导员,我们将一起在莱昂尼公园的小木屋里待上五夜。

"再跟我解释一次,"我开着车给爱德华打电话,他说道,"为什么你不能跟别人一样捐款就好了?"

"得怪唐胡里奥。"我说。尽管我们都知道其实是因为莉兹,我想更靠近她。

第一天早上,我在餐厅喝着加了某种奶油的速溶咖啡,希望这辈子再也不用喝这种东西。我和一位辅导员坐在长桌靠里的那头。辅导员是一位大学橄榄球校队队员,身材高大,但大家都亲昵地称他为"小东西"。"在这里,人们能理解彼此。"他说着,用刀切开了一叠整整四个煎饼,"像是一个巨大的共情坑。孩子们都明白情绪是如何的不可预知,上一秒还在笑,下一秒就号啕大哭,紧接着又马上迷上了彩带气雾罐。"小东西扬了扬下巴,看着那边用彩色马克笔在彼此手臂上画画的孩子们说:"或是在别人身上作画。从极度痛苦到恢复正常,不是一个线性的过程,而是反反复复,毫无章法。"

一位棕色眼睛、扎着高马尾辫的辅导员搭上小东西的肩膀,跨过长椅坐下。小东西介绍道:"凯莉,这位是曲奇。本周一切活动由她负责。"

"你好。"我冲曲奇摆了摆手。

"曲奇六月就要毕业了。"小东西骄傲地说,"她可是要成为教育部长的人。"

"是这么计划的。"曲奇应声道。

小东西说:"我们正在聊,这里的孩子们心理都很成熟。"

"没错,"曲奇说,"他们比我们一半的大学同学都要成熟。"小东西笑了:"你应该听听他们说的话。他们来的时候心事重重,但一周之后,他们就不会这么压抑了,会告诉你所有事情。"

"给出恰当的回复应该很难吧?"

"实际上我们不怎么说话。孩子们会一股脑地说出来的。"

"他们会互相照顾。"小东西说。

"并且他们不会可怜别人。"她说,仿佛"可怜"是她能讲出的最脏的词。

曲奇九岁的时候,母亲就因肺癌去世了。她母亲是一名小学老师,热爱网球。我向她表示遗憾,但她摇了摇头。

"所以我喜欢跟这些孩子们待在一起,成为这里的一分子。"她看向餐厅外面,"每个人都知道这是怎样的感觉。妈妈或爸爸去世这件事,会深深地刻入你的生命。这非常耗费精力,因为每个人都会对此作出反应。它改变了每个人对你的态度——你的教练、你的老师,甚至是你的邮差!这会让人感到超级孤独。但在这儿,不会如此。"

小东西说："昨晚在小木屋闲聊时，有一个小朋友聊起了'那种神情'。他参加棒球赛后的庆功宴时，所有的母亲都用'那种神情'看着他，表示对他的同情，但他只想成为一个普通人，跟其他所有人一样，好好拿到证书就好。"

"没错，"曲奇说着，敲了敲手表，"我们得走了，十点要在旁边举办一个食物大战。"

"小孩就得有小孩的样子。"小东西解释道，"特别是这群孩子。"

"等会儿，我想把凯莉介绍给露西。"曲奇挽过我的手，扫着我身后几百张脸，"在那儿。露西是个小天才。"

我跟着曲奇来到露西身边，她是一个十二岁的小女孩，长相精致，身材比例绝佳，像个芭蕾舞者。她涂了睫毛膏，用一点遮瑕膏遮住了一粒青春痘。我们两个都穿得很厚，像是穿上了带来的所有衣服——山谷里乌云密布，看起来会很冷。曲奇离开之前告诉我，露西想当一名兽医。

"或者儿科医生。"露西补充道。都差不多嘛。

露西和我走到外面，坐到一根圆木上。我们伸出脚踏在草地上，草地还湿漉漉的，沾着昨夜的露水。很快，大家都会过来，开始例行的晨会。

"你是第一次来凯瑟姆营，"无论是姿态还是语调，露西都像个礼仪小姐一般彬彬有礼，"这是我第七次来了。"

为了让她放松下来，我问了几个很蠢的问题，比如"如果你被困在荒岛上,你希望自己带了什么?"

"一艘船?"她回答道,好像我问的是一个脑筋急转弯。我笑了。"还有一部太阳能手机和我爸爸的手表。"她补充道,伸出手腕。自从五岁那年,她父亲因胰腺癌去世后,她就一直戴着。"他们还以为那是流感。"确诊的时候,已经无力回天了。

我们聊了聊她的爸爸,他在纳帕汽配①工作,他非常热爱自己的事业,也深爱着乡村音乐。

"我现在还是很想他。这很正常。"露西把头发扎成马尾,"感到痛苦很正常,想要一件无法企及的东西很正常,走出痛苦也很正常。"

"这是我爸爸的手表。"我撸起袖子,给她看绿丸从杂货店买来的天美时(Timex)。"他二月去世了。"她搂过我的胳膊,仿佛我们已经相识很久了,纤细的手指轻抚着我的手臂。"我朋友也走了。"我脱口而出,"她像你爸爸一样年轻。来到这里,看到这些孩子,我也很想她,想念她的家人。"

"让我触景伤情的点总是很怪。比如,屋里有人涂防晒霜的时候——我很容易晒伤,所以爸爸总会给我涂上防晒霜……"她的声线越来越低,顿了一下又接上了话题,"还有泡菜的味道,我爸很爱泡菜。"

---

① Napa,世界最大的汽配商。

"上周开会的时候我差点儿泪奔，"我说，"有人用了老香料①沐浴露，感觉好像我爸就在我身边。"

"那你朋友呢？"露西问道，"什么会让你想起她？"

"汤姆·派蒂②。"

就在此时，第一批来参加早会的孩子们过来了。对于才十二岁的露西来说，汤姆·派蒂可能和本·伯南克③一样，是个陌生的名字，但她还是用她那柔弱无骨的手抚摸着我的后背说："我懂。"我曾希望大家都跟我说这两个字，而不是"我很遗憾"。又有什么心灵鸡汤比陪伴更能抚慰人心呢？

我问露西，大家是不是都觉得她是朋友中最聪明的那个。

"是啊，大家都这么觉得。"太阳终于出来了，于是她拉开了外套拉链。

我又问她，相比于在营地，跟学校同学的关系是不是更流于表面。

"也不是流于表面，只是，我不知道怎么说，可能还是会有点距离吧。"露西的回答让我惊讶，她如此有洞察力，而且不妄下判断，我有点怀疑，"有点距离"这个中性词，是不是他们接受辅导时学到的。

---

① Old Spice，宝洁旗下沐浴露品牌。
② Tom Petty，布鲁斯摇滚传奇人物，活跃于 20 世纪七八十年代。
③ Ben Shalom Bernanke，美国经济学家，前美国联邦储备局主席。

"他们不会永远如此。"我告诉她,"我五十岁了,差不多我的每一个同龄人都心碎过。我有一个朋友叫凯蒂,她跟你差不多大的时候,她爸爸离开了,她妈妈崩溃了。凯蒂五年级时就清楚他们家哪天要交房贷,高中时她就知道怎么开支票了。但其实,一直以来真正折磨她的是大家对她的同情。"

"我老家每个人都觉得我很可怜。"露西说,"我讨厌大家这样。"

"我还有一个朋友叫安妮,她的第一个孩子是个死胎。"我看着露西,确定她明白这个词的意思。她抽动了一下嘴角,表示她懂。"事情发生后,几乎整整一年内,大家都不敢要求她做什么。她的丈夫、爸妈、朋友们,所有人都顺着她。这种感觉让她备受折磨。"

"我讨厌被人关照,"露西说,"我不需要大家为我做好每一件事情。"

"我懂。"

露西站起身。辅导员们已经就位,开始准备上午的欢呼了。

看着露西融入其他营员中,我不禁想起了他们夜聊的样子,他们心有灵犀,会互相说"我也是"和"没错"。

第二天,我问曲奇:"你觉得人心碎后就会长大吗?"

"代价很高。"她的眼泪在眼眶中打转,"但对我来说,是这样的。"她说起了她男朋友的故事。他们在一起好几年了,已经互许终身。他的经历和她很像，虽然不完全一样，但同样痛苦。他知道大人们会在客厅窃窃私语，喝得烂醉，成日昏睡，痛哭流涕，完全没有规律。曲奇说，她想象不到和"普通人"交往会是怎样的。

我笑了。我很喜欢这个充满魅力、曾经心碎的女孩，也很喜欢她看待世界的方式。普通人？谁需要他们啊？

莉兹离世前一年，我们从朋友成了闺密。

身体变差后，莉兹开始跟我分享她的一切：已经多久没做爱了，或者压根没有做爱的欲望；她为那双从没穿过的高跟鞋花了多少钱；她被哪个亲戚拖累；排便变得有多痛苦；如果再多一个人给她大麻，那从法律意义上来说，她就变成一个毒贩子了；还有，她希望安迪的第二任妻子是个什么样的人。

我们变亲密并不是因为我也做过化疗，而是因为我告诉她，在父亲生命的最后几天中，我给他换过尿布，讨好他的护士们，对一个药剂师号啕大哭，吓呆他了。我告诉莉兹，我父亲去世后，我考虑过把他的假牙带回家，因为我真的很爱他的微笑。我告诉她，绿丸葬礼的五百张日程表是一个朋友付钱制作的，我没有拦住他，因为我没精力跟他争了。我告诉她，有时候我感到很尴尬，我是不是因为绿丸的离去而太过悲伤了。"他已经八十四岁了，算是喜丧，我不该哭成这样啊。"

真正弄懂一个人很花时间，而我们总抱怨时间太少；又或是要机缘巧合地一起被困在电梯里，或是一起打仗，才能懂彼此。我和莉兹一起蜷在散兵坑，无言相顾。我们很爱评头论足，嘴巴很毒——同样也很绝望，认为存在没有意义。但有时候，我们又无比勇敢，拨开所有黑暗的想法走向光明。我很庆幸自己能够真正认识莉兹，能够真正认识一个人。如果你永远锁住心扉，就永远得不到真正的爱。

我向莉兹保证，在她离开后，我会记住她的点点滴滴。我会记住她的努力和她的自我怀疑，会记住她从愤怒到后悔到近乎疯狂地希冀，会记住安迪是怎么烦她的，而她又是如何深爱着他。从此以后，我一生中每一次重要的谈话，都将和她有关，还有曲奇和露西，她们所有人都向我证明，我们可能会受伤，可能会心碎，但我们还是可以充满活力，富有思想，还是很有价值，只要我们会说"我懂"，就好。

不行

No

拒绝别人是如此粗鲁不友善,

如此刻薄而懒惰,

如此自闭而危险。

看起来所有的拒绝都不怀好意。

但是,它可以保护自己。

有十年时间，我发誓不吃任何芝士，不论什么形态、什么口味，都不吃。有没有被我吓到？那十年里我不吃的东西包括但不限于：千层面、芝士通心粉、墨西哥玉米片、烤乳酪、罗特牌蘸酱（Ro-tel）、脆炸马苏里拉芝士条、奶油芝士面包圈、芝士泡芙、芝士卷、芝士蛋糕、奇滋特饼干（Cheez-its）、奇多（Cheetos）。如果说我这样做是站在道德制高点上，通过牺牲自己来提醒大家注意一些不好的事情，比如奶农们用了富含甲烷的肥料污染了水资源，那还算比较酷。但事实上，我只是为了圆自己对妈妈撒的一个谎。

那是 1976 年的夏天，美国建国二百周年。我之所以记忆犹新，是因为我妈从不让小孩戴首饰，但那天却允许我戴上了独立钟[①]样式的锡镴耳夹。那天是我九岁的生日，生日宴会

[①] Liberty Bell，费城的象征，也是美国自由精神的象征。1776 年 7 月 4 日，独立钟鸣响，美国宣布独立。

刚刚结束，我站在车道上挥手送别最后一位客人，开始反思自己的生日会。还不错，我想，但明年我希望主题能更鲜明一点，让活动更为明晰。

但是我们要玩什么呢？抓人游戏？黑白棋？缝纫小游戏？对了，我妈妈的牌友马瑟太太有一个游泳池。如果在那里办生日会的话，我们可以玩鲨鱼和小鱼[①]，或者炮弹比赛[②]。比赛结束后要颁奖，颁奖典礼之后，我们可以躺在泳池边，畅饮果汁，杯沿还装饰着几片新鲜水果。

那天晚上，我跟爸妈说了自己的愿望。我无比严肃认真，根本不在意还有十二个月可以慢慢计划。妈妈说，这可能会欠个人情，但爸爸说马瑟太太一定会答应。最后，爸爸赢了。

但就在我生日前一个月，我的朋友艾莉森过了十岁生日，你猜她做了什么？她办了一场泳池派对，在她家的泳池里。她妈妈分发了毛巾作为礼物，毛巾上面绣有夏威夷风小鱼口袋，那是她亲手绣的。

"我还是别办什么派对了吧。"我很郁闷。

"派对的形式不重要，来参加的人才是最重要的。"妈妈说，"我们在地下室办吧，一定超级酷。"

[①] 一种泳池游戏，鲨鱼在泳池一端，小鱼在另一端，小鱼碰到鲨鱼那边的泳池壁算赢，鲨鱼则要尽可能地抓小鱼。

[②] 一种泳池游戏，抱住膝盖呈炮弹状跳进水里，身形最像炮弹、水花最漂亮的获胜。

我家地下室？没人会在那种地方举办活动。那里本来是用煤渣块搭起来的，爸妈给它镶上了木板，改造成了一间娱乐室。可天花板很矮，吊顶是塑料泡沫拼的，有时候会无缘无故地弹出来，我们得用衣架摁回去。地上铺着格子地毯，绿橙相间。只有一个沙发可以坐，上面还盖着厚厚一层东西，我不知道是什么，但我觉得最好是用牛魔王[①]好好清洗一下。装修先抛开不谈，在这里我们能玩什么呢？用我爸从麦考尔（McCall's）公司带回来的信纸玩白领扮演游戏吗？

但对我哥哥们来说，这里有室内曲棍球棒和塑料冰球，还有我们新添的庞然大物——一张正规大小的台球桌，那是在某个圣诞节的早晨突然出现的。我不知道爸妈怎么把它弄到家里来的，在地下室看到的时候，我下巴都被惊掉了。除了好奇它是怎么运进来的之外，这张台球桌还让我想了很多很多。这个大玩具是不是说明我家现在有钱啦？我们是不是会开始收集雕塑，开外国车，再也不吃海德洛克斯饼干（Hydrox），而是买真正的奥利奥（Oreos）[②]啦？

"我们可以利用台球桌办个球池派对[③]。"我妈妈说。

[①] Armor All，清洁剂品牌。
[②] 两者均为夹心饼干，海德洛克斯饼干更早上市，然而宣传不如奥利奥，市场逐渐被奥利奥占据。
[③] 妈妈的一个谐音笑话，台球桌为 pool table，球池派对和泳池派对一样都是 pool party。

"啥?"

"我只是随便一想——"

"妈妈!上帝啊!"

"哈?我们是在祷告吗?"妈妈说着。每次有人滥用上帝之名的时候她都会来这么一句。然后她耸耸肩,去付各种账单了,我甚至能听见她舔信封封口的声音。

我提议,也许我们可以把楼上的沙发垫都拿下来,放在折叠椅上,围着台球桌摆上一圈座位。还可以用爸爸的旧杂志贴成海报,或者玩真心话大冒险。应该还不错吧。午餐的话,每位姑娘都可以来一份特大号的三明治,口味自选。

"妈妈,你觉得怎么样?"

"听起来不错。"她甚至都没看我一眼,"但特大号三明治不太行。"

我妈其实并不讨厌特大三明治,每周她都会吃上一个,虽然吃得很慢,得分好几天才能吃掉。她每次吃四分之一,配上半罐百威啤酒,倒进玻璃杯喝。妈妈真正介意的是价格贵,做起来麻烦,而且会有浪费。特大三明治每个5.4美元,做十个就会让生日会经费翻倍。口味自选也很让人头痛,十来岁的女孩们的要求千奇百怪。还有她最讨厌的就是,有些孩子挑食,只吃一部分,其他都会被浪费掉。

她说,做一个大的芝士比萨和一个单层巧克力蛋糕就好。听听!这个女人可是给儿子们买了一张台球桌的啊!

"妈！为什么不能每人一个特大三明治啊？"

"凯莉，她们连一半都吃不完。她们会喜欢比萨的。"

"我不喜欢！"我说。

"为什么？"

"因为——我讨厌芝士。"

"怎么会有人讨厌芝士呢凯莉？"

"我就是讨厌！"

"什么时候开始的？"

"一直都是。"

"你周六才吃了一个芝士汉堡，还有芝士通心粉，昨——"

"我没有。我没吃。"

"天哪，你绝对吃了。听着，我们会做个比萨，要么就什么都别吃了。"

我像疯狗一样咆哮着，一个字都说不出来。超级恨她。

那天的生日会平淡无奇。后来妈妈端来比萨，我连碰都没碰，还故意表现得很明显，在自己的纸盘中装上了一小碟薯片，期待有人会问我在干吗，这样就能顺理成章地痛诉自己的凄惨了。可惜并没有人问我。之后妈妈收拾的时候，我拿了一片剩下的比萨，弄掉了上面的芝士。芝士已经完全结块了，我用指尖捏起，仿佛那是一只小鸟的尸体，扔进了水槽。

"请自便。"妈妈说着，把芝士扔进垃圾桶。她没再给我做热狗三明治,也没给我做花生酱果酱三明治。

接下来的十年我过得很累,吃意大利面的时候,我不得不把里面的帕尔玛干酪都挑出来,在汉堡王只能点原味汉堡,吃芝士蛋糕只吃蛋糕边。我超爱芝士,但这一切都是值得的。像所有的母女一样,我的所有第一个都是我妈。第一个港湾,第一个对头。餐复一餐,年复一年,我一直在向她展示自己脾气有多倔,同样地,她也在向我表现她的可怕。她从没相信过我的"过敏"。想让她为毁掉我的生日会道歉,我得等一辈子。

最近我们回费城看望妈妈,克莱尔问起了一句谚语——"割鼻子报复脸"[1],这句话对孩子们来说过于恐怖了。

"举个例子,我十岁的时候——"正说着妈妈走了进来,我向她说道:"我正在跟克莱尔说我不吃芝士的故事。"

"你不吃什么?"

"芝士啊。我有段时间不吃芝士。忘了?"

她思索了一会儿:"是吗?"

---

[1] cutting off your nose to spite your face,谚语,意思为:冲动行事,用伤害自己的方式报复,杀敌一千自损八百。该谚语最早源于公元 1200 年左右法国诗人 Peter of Blois 引用过的一句拉丁谚语。据说有个人不喜欢自己的长相,认为鼻子太难看,于是一气之下割掉了鼻子,结果更难看了。17 世纪后,这句话在法国广为流传。据塔勒芒·德·雷奥说,巴黎居民不满亨利四世的统治,嘲讽国王,于是亨利四世想毁灭巴黎,一位大臣曾用这句话阻止了他这个疯狂的念头。

"特大三明治……我生日……我没吃芝士……"我试图让她回忆起来,"你要给我做比萨,但我说我不要,因为我讨厌芝士,结果你还是做了,我就硬是没吃,从那以后我就再也——"

她被逗乐了,露出一个微笑:"哈哈,你啊。"如果一个女孩冲着林间一棵树尖叫,只是为了让树木倒下吓唬妈妈,但妈妈根本不在意,一切如常,那这棵树到底倒了没有?① "是个好例子,割鼻子报复脸,还是怎么说来着?"

我跟我妈不一样,有时候我强烈地希望我的孩子们爱我,甚至有些卑微。我自己都很惊讶。我其实觉得自己还是挺自信的,不会太追求好评率,何况我的顾客如此变幻无常。但这种情绪就是一直存在。

几年前一个阴雨连绵的周末,我正在努力赢得女儿们的欢心,不知不觉走进了一个购物岛。那些店都没有墙,就在人流中间,等我回过神儿,发现自己已经置身其中了。

女儿们被不锈钢展柜中陈列着的做头发的工具吸引,在

---

① 哲学经典问题:假如一棵树在森林里倒下而没有人在附近听见,它有没有发出声音?最早由唯心主义哲学家乔治·贝克莱提出,他认为"存在就是被感知"。现有的问题来自1910年Charles Riborg Mann和George Ransom Twiss撰写的《物理》。原文为:"当一棵树在一个孤寂的森林里倒下,没有动物在附近听见,它有没有发出声音?为什么?"

一家小店停下了脚步。我则看到几个符合我恶趣味的东西：晚上涂的睫毛膏，可以防止我的眼睫毛弯成奇怪的形状；一件皱皱的衬衫，可能大部分人都会想熨平它。突然我感觉到一股强大的气场——管理这片岛屿的女神踩着高跟鞋走了过来，神态明媚，让我有些自惭形秽。她一定是那种每天都会洗澡的女人。

然而她的眼神仿佛在说："不用羞愧，大妈。我不是来找你的。"她那波斯公主般美丽的眼睛落在乔治娅身上。乔治娅的丸子头乱糟糟的。她向我女儿挥挥手，指着一把白色皮椅说："过来试试。"

此刻是逃跑的最佳时刻。精明的消费者会避开她的眼神，急速跑开。但我错失了良机，只好说了几句"好啊，我们正好有空""没问题，她可以坐在那里""我们在杂货店买的廉价直板夹太难用了"之类，听起来完全不是在拒绝。

在她的魔杖下，我女儿的一头乱发变得无比柔顺，仿佛洗发水广告里的那般，而且是潘婷丝质顺滑系列这种高级洗发水。

女神问了几个问题。

"是不是很简单？"是的。

"这种瓷质材料能够保护发梢，注意到了吗？"厉害啊。

几分钟后，克莱尔也在椅子上坐下，开始了另一场变身秀。

她让克莱尔自己抓住魔杖："瞧，连这个小妹妹都能自己烫。"好吧,她们一定会要我买的。

　　女孩们为自己的转变惊喜无比,女神给远在天边的经理打了个电话,为"两位漂亮的小姐打个折",如果"稍微加点钱"的话,还能得到"特制的"坚果油。他们打电话的时候,女孩们焦虑地看着我,像是选美比赛的决赛选手,等待评委们的判词。我已经决定要买下它了。说"好"很有趣,说"好"的时候大家都很爱你。如果能让我的孩子们爱我,拥抱我,开心一下午,开心一辈子,这点钱算多吗?四分钟后,我们走下电梯,孩子们乐晕了头,我紧随其后,少了二百块钱。典型的笨蛋。

　　我妈妈从没有因为想要我拥抱她而纵容我,一次也没有。她甚至根本不喜欢拥抱。玛丽·柯利根明白,一个廉价的"好"就像是抽烟时的快感,几分钟就没了,剩下的只有胃酸和二手烟。有时候因为不懂拒绝,你得去不想去的地方,做不想做的事情,但你只能怪自己。

　　二十多岁时的某天,我们在看了一场圣母大学长曲棍球比赛后,在停车场灌了几瓶啤酒。突然,一个堂哥问我:"你爸妈是不是要离婚了。"

　　"什么?"我说。

　　堂哥一副"拜托别装了"的表情,我气坏了,也被吓到了。

"他们从来不待在一起。"他说,"我总能看见你爸,但你妈从不跟他一起。"

"你是说这个啊。"我恋爱经验不多,无法理解他们,也很难为他们的婚姻模式辩护,我也没天真到不曾察觉我父母的相处方式不同寻常。从我记事开始,就觉得我妈很我行我素,不想做什么就立马不做了:烘焙、开夜车、洗衣服,还有20世纪60年代初的时候她对绿丸爱到骨子里,假装愿意跟他去任何地方,但后来就不愿陪他去各种鬼地方了,哪怕是为了面子也不行。爸爸说他要去烧烤,或是社交俱乐部,她就会说:"我还是不去了吧。"或者"那待会儿见?"这漫不经心的回答表明了她的想法:她不想参加,哪怕别人都带老婆去,也"没啥大不了的"。

尽管如此,我父母的婚姻还是很牢固的,即使在我童年最糟糕的日子里,也还是牢不可破。

"就算他们一起去哪儿,"堂哥继续说,"也要开两辆车。"说得没错。"连去教堂的时候都是。"堂哥一脸大惊小怪。如果堂哥直接问我妈的话,她一定会说,这才是理智的选择,因为每周日早晨花工夫去管教我们几个简直是徒劳。

妈妈总是穿着黑色修身裤,短款强缩绒羊毛外套,铜扣闪闪发光。她总是第一个吃完早饭站起身,开始收拾离她最近的盘子。

我会抗议:"妈!我还在吃啊!"

"你不会饿死的。"她说着,把我的最后一块英式松饼倒进洗碗池。

爸爸翻阅着体育版,布克问他:"J博士[1]拿了几分?"

"二十八!"

"乔治——"妈妈喊了一声,关掉水龙头,看了一眼挂钟。

爸爸看起来似乎听见了这声呼唤,他把椅子往后挪了一点,但手里还是紧紧攥着报纸:"还有八个篮板——"

"乔治,还有六分钟就要开始做弥撒了!"妈妈的行事作风像是刻板飒爽的德国人,可她却嫁给了一个慢吞吞的爱尔兰人。

"来了来了,玛丽!"他又把椅子往后挪了一两英寸,好像他很在意守时似的,却又压低声音跟哥哥们说:"莫·奇克斯[2]拿了十八分。"

GT问道:"今晚飞人队[3]几点开打?"

"乔治!别磨蹭了!"

"你妈发火了,孩子们,快走吧。"

"说真的,每周都得我催才行吗?"妈妈一边涂着她封

---

[1] 朱利叶斯·欧文(Julius Erving),绰号J博士(Dr. J),篮球巨星。
[2] 莫里斯·奇克斯(Maurice Cheeks),篮球巨星。
[3] 费城飞人队(Philadelphia Flyers),国家冰球联盟(NHL)队伍。

面女郎①的珊瑚礁色口红，一边朝着楼上的我们喊："马上给我出发！"就好像我们真能那么快就检查好随身物品并钻进车子似的。从收拾到出发的这点时间，我们经常会为一件外套打架，为口香糖争吵，或者接到我爸哪个兄弟打来的电话，而我妈则总是穿着她的羊毛大衣，站在门口，挎着包包挑着眉，一脸难以置信。从1969年到1980年间的每个星期天早晨，在伍迪小巷168号，你都会看见四个人，不停戳着一个女人的怒点，直到那个女人受不了了："不行！我先过去。到那儿见。"

起初只是分开去教堂，后来变成了分开去泳池，再到去看比赛也是两辆车分开，这样我妈就可以在比赛没有悬念的时候先溜走，留下我爸一个人在那儿，无牵无挂，后来干脆连比赛都很少去了。

冰球比赛的时间总是很不友好，在租金便宜的场馆打，场地很差劲，椅子也不舒服。这是何苦呢？我妈可不愿意忍着看完整场，只为在年度颁奖晚会上拿到一枚金牌妈咪的勋章，她宁愿要个小机灵偷偷溜走。至于长曲棍球，她很愿意去看哥哥们的主场比赛，但客场的话就算了吧，说不定还会淋雨。但绿丸就不同，他甚至会安排好工作上要打的推销电话，以便下午四点准时坐到观众席。他们有着庞大的球迷网，

---

① Cover Girl，美国著名彩妆品牌。

对当地所有的比赛都有着敏锐的嗅觉，20英里内所有重头戏都会有他的身影。比赛后，他会在当地的酒吧喝点小酒，啃个汉堡，我妈也可以少准备一个人的晚饭，所以就随他去了。

周六上午，绿丸会去打网球、壁球或是高尔夫。妈妈对这些会让人大汗淋漓的活动不感兴趣，如果有那种餐桌上就能玩的运动，让她玩的时候还可以穿着她的淡蓝色浴袍，踩着白色拖鞋，双脚看起来像两只小白兔，抿着闪卡（Sanka）咖啡，她一定会参加的。她会玩字谜、纵横填字和数独之类的游戏。如果要她穿好胸罩出门去玩的话，那就只有桥牌有这个魅力了。她是个桥牌高手，每周都会玩几次。

我不是想说我妈不喜欢体育（如果提前一小时打招呼的话，她甚至可以顶迪克·恩贝格①的班，她就是这么专业），也不是想说妈妈不爱绿丸或者不爱陪他（她非常爱他）。她只是对所谓爱情保鲜秘籍不太感冒，什么相爱就要有共同爱好，得性格相合，就得站在泥泞的球场边，听别的激情高昂的父母们聊哪个小孩不该被罚，其实心里只想回家，冰敷后背，来杯伏特加。她决不会因为一个嘴碎的侄子质疑她的婚姻，而故意和我爸一起露面。

她总爱用夸张的法国口音说："Chacun à son gout." 这是一句法国谚语，意思是"各有所好"。如果丈夫很外向，喜欢

---

① Richard Alan（Dick）Enberg，美国著名体育解说员。

社交，而自己比较内向，觉得那些事情令人疲惫，那就给他自由，让他"随心所欲"出去玩。我妈妈有自己的想法，也付诸了行动。

她不要求别人按她的方式行事，但也不会装作没有偏好。她不会阻止别人做什么事。有时候我和哥哥们想去米内拉餐厅吃鸡蛋和煎饼，尽管她觉得很不好，但还是会挥手跟我们道别，自己坐在餐桌边，挨着煤油取暖器，听佩里·科莫[①]的磁带，品尝她的英式松饼。她将其称为"一个人的狂欢"。

很少有人像我妈一样活得这么自由自在。她解放了自我，因为她懂得拒绝，这对于任何一个女人来说都是很难的，特别是对于一个在美好简单[②]时代长大的女人来说，实在是有些激进。我想这应该是因为她不害怕被人讨厌（这点真的令人钦佩），而且她有一个很不浪漫的观点，认为一个人应该认真地为自己的幸福负责任，哪怕不能完全做到。这种态度在她生活的方方面面都能展示出来，包括她的生日。妈妈会列出想要的礼物清单，贴在家里的布告栏上，甚至会附上折扣券。她知道如何让自己开心，所以干脆公布答案，不让我们瞎猜，

[①] Pierino "Perry" Como，20 世纪 50 年代中期美国最伟大的流行歌手之一，代表作《我是如此爱你》(*And I Love You So*)、《月光下的曼陀林》(*Mandolins in the Moonlight*) 等。

[②] Nice'n Easy，伊卡璐的染发剂品牌。20 世纪 50 年代，美国女性很少染发，她们将重心放在家庭上，非常在乎丈夫的看法，在社会中处于从属地位。伊卡璐推出这款染发剂，意在帮助女性改变这种态度。

毕竟我们一定会猜错。(而以我乌托邦式的观点看来,给女儿们列一个清单,写上她们买得起的小饰品,让她们买给我做礼物,这简直就丧失了礼物的意义。她们不是应该知道送给我什么最好吗?)

她七十岁生日快到了,我和哥哥们决定凑钱给她送个大礼。我们本来想叫上绿丸一起的,但他已经决定好了,要送妈妈一个大象造型①的钻石胸针,因为她是共和党的坚定支持者。他完全忘记了这几年的经验早已告诉他的——这种纯粹的装饰性礼物,一定会被妈妈拿去退掉的。

生日前几个月,我去看望妈妈,顺便问了一句:"妈,你有什么想要的大件吗?"虽然不管多贵我和哥哥们都会不惜重金,但我觉得她想要的应该和过去差不多,浴盐啦,除皱霜啦,或是一些奇奇怪怪但不贵的东西,比如2001年她要的石蜡洗手机(她想要"手更柔软、更年轻")。

"我想好要你们送我什么了。"她一个月前就想好了。

"真的吗?"我本是想极力讨好她,却突然焦虑起来。如果她想去夏威夷玩怎么办?一辆新的奥兹莫比尔②?是不是我口气太大,把自己逼到了死角?

"当然。"她说,"如果你和你哥哥们遇到什么问题是我可

---

① 共和党党徽上有一头大象。
② Oldsmobile,通用旗下汽车,2000年停产。

以帮上忙的,一定要跟我说。"

我伸出双臂,好让她看到我已经汗毛直立:"妈,你吓死我了。"

她竖起手指,示意我她还没说完:"但如果你们遇到什么问题,而我无能为力,请一定不要告诉我。"

我大笑起来,仿佛她在开玩笑。

"听着,凯莉,我从1964年开始当妈直到今天,现在只希望能够不再为你们烦恼,好好睡一觉。"

睡觉。这就是她想要的。如果我们不停向她抱怨那些琐事,抱怨我们的生活,抱怨孩子们的生活,她是永远不可能睡个好觉的。不要向她抱怨那些令人头疼的事,不要向她抱怨老师的刻薄、教练的暴躁,不要说自己的悲伤绵延悠长,不要跟她暗示婚姻出了问题、投资失败了、事业没有进展,不要事无巨细地报告自己腰疼、睡不好、害怕接下来的髋关节手术。

她照顾我们三兄妹四十五年了,我们每一次骨折、每一次被纸割伤、每一次错过升职的机会、每一次分手或是竞选失败、每一次被人放鸽子,她都一一记在心上。她总是抚慰我们,试着帮我们解决所有问题。现在,请不要再来烦她了。

我懂。有时候乔治娅或克莱尔带着情绪回家,听着她们哭泣,在床上缩成一团,我也试图逃避过。我会在楼下待上一两分钟,疯狂整理橱柜,但最终我总会拿上一杯冰水或是一碗切好的苹果上楼,她们喜欢这些东西。我才只当了十年的妈妈,就已经用坏了二十九个危地马拉烦恼娃娃[①],将来还要用多少个啊?

就在妈妈让我不要再烦她的四天后,我又提起了克莱尔,说她前一天晚上是哭着入睡的。

但我马上反应过来,把话咽了回去:"啊,对不起。生日快乐。"

她坚定地回道:"谢谢。"

第二天早上醒来的时候,我收到她发来的短信:克莱尔小熊还好吧?

无论什么性别、什么职业、什么性格的人,说"不"都是需要很大勇气的。一位朋友告诉我,三年内她花了1.1万美元去做理疗,最大的收获就是"学会说'不',一旦说出口,就千万不要抱怨,不要解释。你所说的每个借口,听起来都像是怂恿别人换个角度再问你一次"。

你也许会觉得,我妈这么擅长拒绝,我应该也是个果断

[①] 危地马拉人家中都会有一个烦恼盒,里面放着玩具娃娃,当烦恼缠身的时候,就会取出一只娃娃,向它倾诉,然后将之放在一边。危地马拉人认为娃娃会替人承担烦恼。

的人吧，就像那些经常被欺压的人，得到权利后，比欺压他们的人更残暴。呵呵。

即使理发师把我的头发剪得像个20世纪70年代的商人，我也不会向他表达不满。即使按摩师手法粗鲁，还有脸问我"舒服吗"，我也不会说不舒服。即使保姆在孩子们睡觉后请一两个朋友来玩，还把香烟直接扔在地板上，我也不会说她什么。我希望成为一个随和的人，傻人有傻福，不太喜欢那些难搞的人，总爱指使别人："脸周围的头发要有层次感，刘海儿到眉毛就好，但是，千万记住，我头发干了以后会变短不少；按脊椎时轻一点，按肩膀时重一点；不可以给孩子们吃甜食，她们得洗澡了，今晚她俩都得洗澡，还有，记得洗碗。"哪有人会这么在意发型，在意一次按摩的轻重，在意漫长生命中的一个夜晚啊？但如此执着于随和，让我产生了一个错觉，那就是好相处和提出自己的想法这二者只能取其一。然而事实上，一定有方法友善地拒绝别人，在说出"不"之后，还可以好好相处。

我还应该对哪些事情说"不"呢？

女儿们忘记带午餐的话，我不会送去学校；不许连续几晚去朋友家过夜；不许用色拉布（Snapchat）。

不许顶嘴，不许说脏话，不许大喊大叫；不许看《伴娘》①，也不许看《非亲兄弟》②。

如果有女孩看着操场说："小孩子真是太讨厌了。"我是不会跟这样的女孩交往的。

如果有男孩指着洗车工说："这些人完全没有职业道德，你懂我的意思吧？"我是不会跟这样的男孩交往的。

小孩上中学以后再戴牙套。

不买苹果公司全方位服务计划（AppleCare），不升级车险。

感恩节不出去旅行，不办 T. J. 马克思（T.J.Maxx）的信用卡，不加入健身房的会员。

卧室不许摆电视。

不参加预热派对。

不做无偿工作。

不看《钻石单身汉》③第三季。

从拒绝小事开始，做好心理建设，这样在面对决定生活的重要抉择时，才会敢于说"不"。不该接受的工作，必须

---

① *Bridesmaids*，保罗·费格（Paul Feig）执导的一部喜剧片，2011 年上映。少儿不宜。
② *Step Brothers*，亚当·麦凯（Adam McKay）执导的家庭喜剧电影，2008 年上映。少儿不宜。
③ *The Bachelorette*，相亲真人秀。

断掉的关系,看起来可疑的交易。最终做到不酗酒、不嗑药、不重修旧好。当生命不得不依靠极端的方式才能维持时,选择拒绝。

其实我们小的时候经常说"不"。穿外套?关电视?别惹你妹妹?算了吧,别想命令我们。但长大后我们就变得文明了。我们开始在意别人的看法,觉得拒绝别人是如此粗鲁不友善,如此刻薄而懒惰,如此自闭而危险。看起来所有的拒绝都不怀好意。

但是,它可以保护自己。

我一直想生四个孩子,第一次和爱德华聊到家庭的时候,我就说过:"四十抱四。"绿丸家六个兄弟姐妹,我妈妈家四个。有四个孩子就足够开一场舞会,组一支触身式橄榄球队,还可以叠罗汉。大家庭长大的孩子们通常都很幽默,因为只有这样才能吸引大家的目光。所以我想生一窝负鼠,而不只是一两只珍贵的考拉宝宝。但问题是,我和我来自阿肯色州的真命天子结婚时已经三十二岁了,留给我的时间不足十年。所以一度完蜜月,我就和爱德华抓紧时间造人。

我很快生了乔治娅,这是上天给我的最美好的恩赐之一。之后下了些功夫才怀上克莱尔,但也没太影响我的计划。我还有四年多的时间再生两个。克莱尔出生后几个月,我不再母乳喂养,等到经期恢复正常就开始计算排卵期,计划再次怀孕。三个月过去了，六个月过去了，十个月过去了——一直没有中奖。克莱尔刚满周岁，我就查出乳房里有个肿瘤，不得不接受化疗，而化疗抑制了我的生育能力。从治疗角度来说，这对我是非常好的，因为雌性激素会促进肿瘤生长。大家都很庆幸，除了我。"四十抱四"推迟到"四十三抱四"，听起来一点也不美好，而且似乎也很难实现。

一年后，我突然又来了月经，大家都强烈建议我服药，抑制卵巢功能。我没料到会这样。爱德华和我的肿瘤医生坚持要我服药，说这个时间点还是小心为上，即便我胆子很大，也无法对这些话充耳不闻。我同意了，但仍然怀揣着再生几个孩子的梦想。我安慰自己，也许一年后，大家就会知道我很健康了。然而三十八岁那年，一切化为泡影。我的卵巢生长异常，为了防止它演变成卵巢癌，明迪医生替我切除了卵巢。我的卵巢被从输卵管上切除，从小腹的切口拉出，和我继续怀孕的梦想一起，被扔进了医用垃圾袋。

那段时间我经常哭，但我依然明白，想要孩子也不一定非得自己生。我知道MH收养了两个孩子。我知道朋友南茜找了个代孕妈妈，过程特别顺利，所以她后来又找了一个（现在她已经有五个孩子了）。我打了几个服务电话，想了解更多这方面的信息。我们的经济能力不足以找个代孕，但自从我用谷歌搜索过社区家庭计划后，就被各种横幅广告狂轰滥炸，上面有各种幸福的家庭、洋溢着兴奋的推荐信，还有"无缝""完整"之类大胆的承诺。有很多国内外的孩子等着被领养,也有很多人捐赠卵子和胚胎。各种各样的链接让人眼花缭乱。我打了好几个咨询电话,还和我嫂子聊了一下,她真的考虑过替我们怀个孩子。选择有很多。我建了一个表格,计算各种花费、风险与合法性。晚上,孩子们临睡前,我替她们检查好一切后,会在她们耳边低语:"等着,你们会有弟弟妹妹的。"

如果真的能够"无缝"让我们的家更"完整"的话,为什么不呢?

说话的时机非常重要,所以我一直在等待最佳时机,能坐下来和爱德华分享我的规划。

两个月后的一天,我们全家飞往东海岸,航程五小时,女儿们沉迷于《海底总动员》,我看到了坦白的机会。我打开笔记本,翻出表格。不管他怎么焦虑,不管他会如何反对,我都会安抚他,说服他。他那么爱我,一定希望我能如愿以偿。

我进入话题,开了个轻松的头:最近好多开心的事啊。克莱尔会自己上厕所了,乔治娅要换牙了,晚上终于能睡个好觉了。爱德华合上书,手指夹在看到的那一页。他知道我想说什么。我继续说道:我现在恢复了健康,骨头也不疼啦,连口腔溃疡都不长了。我以前的世界如此黑暗,但苦日子都过去啦,前面就是曙光。

爱德华很同意。他瞟了一眼页码,把书塞进前面椅背的口袋。我握住他的手。

"我最近工作也挺顺利的。"他说,"也许夏天我们可以一起去旅游。"

"没错。但是呢,我也在找一些其他的可能性。"

"什么可能性?"

"多要几个小孩。"

他眯起眼睛,我觉得不太舒服。他回道:"好吧。"

我放下他的小桌板,把表格摆在他面前。"有这些选项。"他没有打断我,但身体有些僵直。

我过了一遍我的清单——卵子捐赠、代孕、领养——但从他扬起的眉毛我能看出,他不是很同意我的想法,甚至一点也不好奇。他有的只是对我的怜悯,却无法满足我内心深处的愿望。

我很不喜欢他的表情所传递出来的信息,反击道:"听我说,这绝对可行,大家都这样。我们过去没考虑过,但我已经把所有选项都列出来啦,所有的选择,各自的优缺点,所有的渠道——"

他叹了口气。

"怎么了?"我问。

"凯莉,我很幸福。"他声线轻柔,但很坚定,"我的妻子恢复了健康。我的女儿们都是乖孩子。我能负担家用。我不需要再争什么了,也不想再争些什么。"发动机的声音震得我耳膜疼。我不敢抬头看他。这是结婚以来,我们第一次在大事上有分歧。我紧咬下唇,盯着自己的手。我很生气,感到我们之间产生了隔阂,很是崩溃。爱德华又开口了,充满柔情:"我只想好好享受现在所拥有的一切。现在的家庭就是我理想的家庭。"

我哭了出来,但并没有继续争执。我怎么能跟他争呢?因为我的病,他的生活完全被打乱了,他一定很焦虑,但他从没抱怨过。他很内敛,以至我都没注意到他也仍在恢复期。而且 MH 花了五年的时间,从治疗生育问题到收养小孩,几经波折,个中痛苦他也都看在眼里,只是我没注意到。他说:"对不起,凯莉,我做不到。"

我点了点头,擦去泪水。没有什么讨论的必要了。强扭的瓜不甜,过于强硬会造成很严重的后果,影响一生。

接下来的一小时,他始终握着我的手,而我开始删除脑海中那些栩栩如生的画面,过去几年我一遍又一遍地想象过,为第三个孩子调整卧室布局,给他穿上乔治娅小时候最爱的李维斯,而我有了更多带孩子的经验,终于成为一个可以轻松搞定孩子的酷妈。

那些轻浮的流行歌和爱误导人的贺卡总会告诉我们,真爱就是要让对方开心。但爱德华没有这样做,他选择了好好照顾自己,这样才能真正让我们永不分离。就像我父母那样。

有时候你需要明确并守住底线，那才是相处的艺术。

在爱德华和妈妈的影响下，最近我也变得冷静自持了一些。对于不太在意的项目、活动和捐赠，我都会拒绝参与，而且遇到那些不会拒绝的人，我会感到不舒服。如果他们拼命对你说好，背后却很恨你呢？如果他们从不拒绝别人，又怎么能相信他们的接受呢？何况，只有说"不"，才有更多余地说"是"，谁不想要有更多余地说"是"呢？

好的

Yes

更多的睡眠，

更大的音量，

更多的帮助。

下列是我往往会说"好"的事物清单，还在不断更新中：

西洋双陆棋，拉米 500[①]，一款叫"猪"的骰子游戏[②]

胡椒碎，巴马干酪粉，多配一份牛油果酱

柯佐牌（Corzo）龙舌兰，甘草薄荷茶，碳酸水

咸焦糖，咸盐口杯，咸酸笑话[③]

更多的睡眠，更大的音量，更多的帮助

毛边书

别人的意见

可选加热座椅

[①] Rummy 500，又称 500 Rum，一种扑克牌游戏。

[②] Pig，骰子游戏，规则多样，通常按照掷出来的点数积分，先积到一百点者为胜者。

[③] Salty jokes，直译为咸笑话，意思是酸别人的笑话。与咸焦糖、咸盐口杯一样都是 Salty 开头。

B. J. 诺瓦克①的短剧，理查德·汤普森②的表演

反馈

圣体圣事③

我的妈妈

在贝丝·巴雷特家吃晚饭

在湖里游泳，坐火车，方块舞④，假发聚会和你画我猜

第二次机会，但第三次就不用了

一通来自特蕾西·塔特尔、堂姐凯茜，或是莉兹的老公安迪的电话

雇用一个专业挑刺儿的人

和我老公做爱（因为我很怕他在睡梦中就过世了）

《诺丁山》⑤，《迈克尔·克莱顿》⑥，《查理和巧克力工厂》⑦（初版）

---

① Benjamin Joseph Novak，美国演员、编剧、制作人，曾是情景喜剧《办公室》的编剧和演员之一。
② Richard Thompson，著名吉他手。
③ 天主教七件圣事之一，源自耶稣最后的晚餐，告诫门徒要像耶稣爱他们一样彼此相爱。
④ Square Dance，美国民族舞蹈之一。
⑤ Notting Hill，罗杰·米歇尔（Roger Michell）执导，朱莉娅·罗伯茨（Julia Roberts）和休·格兰特（Hugh Grant）主演的爱情喜剧片。
⑥ Michael Clayton，托尼·吉尔罗伊（Tony Gilroy）执导，乔治·克鲁尼（George Clooney）主演的惊悚动作片。
⑦ Willy Wonka & the Chocolate Factory，《查理和巧克力工厂》有1971年和2005年两个版本，此处指1971年版，原名直译为《威利旺卡和巧克力工厂》。

一场讲座

一个想和我们一起睡的孩子——哪怕她已经比我们高好几英寸了

泰诺安[1]

拼写检查，斯潘克斯[2]，围巾，睡过头[3]

甜辣口的费城芝士牛排三明治

薄荷糖

---

[1] Tylenol，一种止痛药。
[2] Spanx，美国知名内衣品牌。
[3] Spellcheck，Spanx，scarves，sleeping in，均为 S 开头。

我错了

I Was Wrong

最基本的道歉是认错，

而最好的道歉则需要点明自己的错误。

你必须表达出你的悔恨，并让对方感受到。

最重要的是，道歉时只需要道歉，

千万不要给自己找借口。

让我说说我家那只时常挑战我底线的狗吧。它叫"好时",没怎么接受过专业训练,基本是由我一手调教出来的,因此如果它有什么问题,那一定是我的错,也正因如此,它的坏习惯总是让我抓狂。而要制定规则的话,本身就需要遵守很多规则,我自己打小就不怎么守规矩,不过我嫁给了一个守规矩的丈夫。

　　举个例子,每个人都会教狗狗不要闻女性私处。我也在谷歌上查过,但没找到什么好方法。所以,如果有女生来我家的话,就会面对这样的窘境:每个人都会暗自猜测,狗鼻子这么灵,是闻到什么了啊?……我完全不知道怎样才能教会好时不要再这样。而且爱德华说,如果你作为"教导好时的那个人",不打算"监督并纠正它的举止",那"你学习如何重新教育它也不过是徒劳"。显然,教育狗狗需要"持之以恒"。有时候他还会补充一句"教小孩也是",他对我们的婚姻可真有信心。

除了闻私处，好时最大的问题就是爱喝马桶里的水，这让我颇为困扰。每天早晨，我都会给它的碗里装满新鲜的水，放在它最喜欢的那个位置——在那片阳光下，它总爱待在那里。从马桶里喝水要比喝我准备的水难度大得多吧？如果它能干干净净地喝马桶水也就算了，可它总是弄得一团糟。而且，我家的马桶不总是干净的。先容我解释一下，我和旧金山的很多人一样，环保意识很强，不是每次小便后都会冲马桶，基本上两次才冲。这样可以省很多水。我甚至觉得如果是在自己家二楼，只要准备些卫生纸，尿在盆里再擦干净也不是不行。（其实我觉得家人共用牙刷也没什么大不了的。但我朋友说这个问题上可能见仁见智，反正我觉得无所谓。）

说回马桶。我家小孩可不仅仅是撒尿的时候不冲马桶。大多数时候，她们会冲掉自己消化系统正常运行的产物，但有时候也会忘记，而我也不总是来得及帮她们冲掉。基本上，她们每人每天都会有这么一次，忘记冲掉便便。

猜猜狗狗们喜欢吃什么？

你猜得没错。

很多狗都喜欢吃便便，甚至有一个描述这种行为的专有名词：食粪症。（网上说：一些动物营养学家认为，狗吃大便是为了补充消化酶，以便更好地消化食物。而缺乏维生素B往往是引起食粪症的原因之一。）以好时吃便便的频率，我觉得它一定是时刻准备着消化食物，并维持体内高水平的维生素 B 含量。

一天早上九点,我照例打扫二楼——关掉所有的灯,挂好所有的毛巾,关上像一条条吐出的舌头一般的抽屉,我的丈夫和孩子们从来不记得关,就那么大开着——我走进女儿们共享的浴室,地板上的"一坨"让我触目惊心:人类的便便。

"我的个耶稣基督上帝老天爷七舅姥爷家的外甥女啊!"

我骂了一大通,然后在大便上盖了好几层卫生纸,迅速捡起来扔到马桶里。我恶心了好一阵子,气得心里只剩下一句话:"我的人生怎么会变成这样?"

那天下午,姑娘们放学回家,我拉着她们开了一场家庭会议,以示问题的严重性。我们围绕冲马桶一事进行了严肃的讨论,之后话题越来越宽泛,开始讨论起我和我的职责。比如,我作为她们的母亲,非常愿意为她们做一些事情,但并不代表有些事就是该别人为她们做的。

乔治娅勇敢地承认:"我记得我冲了的,但也许按得太轻了。"

我说:"你应该检查一下的。每次都得检查。这种事情不允许发生第二次。明白了吗?绝!不!允!许!跟着我说一遍。"

"我知道了,妈妈。"

两周后,一月,一个灰蒙蒙的周六清晨。

我们正在楼下,女孩们吃着酸奶麦片,我给自己倒了杯浓咖啡，爱德华在吃培根。突然，我听见狗牌叮当作响，接着是一阵水泼出来的声音，越来越多水泼出来的声音。我立马反应过来，好时又在喝马桶水了。

"不要啊！"我飞奔上楼，好时已经仓皇而逃，夹着尾巴缩成一团。"我受够了！"

我紧锁的双眉挤出了深深的皱纹，至今都没消退。我站在卫生间门口，昨天晚上我刚给这个卫生间挂上漂亮的西榆树[①]浴帘。我喘着粗气，然后哭出了声。

爱德华担心地冲楼上喊道："怎么啦？"

"啊——！"我什么话也说不出来。

女儿们和爱德华围成一圈，向我身后看过去，薰衣草色的瓷砖上，暗黑色的东西散落一地。

"不是我！"乔治娅立马说道，她知道自己有前科，是首要嫌犯。

我咆哮道："就你最离谱！我刚跟你们谈过这事儿！"我发表了那么一通长篇大论，到底是为了什么？

"我发誓不是我，妈妈！"

"什么玩意儿，你是要跟我争论这到底是谁的大便吗？"

"我发誓。我记得我冲了的。"乔治娅说。

"你！没！冲！干！净！"我咬牙切齿地吐出这几个字，

[①] West Elm，美国知名家居品牌。

伴着字节一拳一拳砸在手心。

"我对天发誓,不是我干的。"她说。

"那是好时干的喽?它自己坐到马桶上然后——"

"我不知道,但我对《圣经》起誓,我现在每次都会冲干净!不信的话你可以给每个卫生间都安上摄像头!"

"好了。"爱德华开口,"说到哪儿去了。"

克莱尔不想我们再吵下去,开口说道:"我来清理。"

"你别插手!"我吼着,扔了记眼刀,女儿们吓得退了几步,好像我是一只被困住的蝙蝠,在屋子里横冲直撞。"乔治娅来清理,因为——"我甚至听不见自己在说些啥,"在这个家里,每个人都得自己清理自己掉在地板上的大便!"

爱德华看着我,仿佛我是街角里一个突然撒泼的疯子。乔治娅去厨房拿纸巾,克莱尔啜泣着,我扔下一句"去遛蠢狗了!"迅速给好时套上狗绳,把它拽到了大街上。我刚才喊得太凶,导致喉咙有些痛,直到走出去 1 英里,才渐渐平复。

我是有什么毛病吗?我在 Instagram[①] 上晒女儿们活力四射的照片,私下却为一些鸡毛蒜皮的小事把她们骂到崩溃。她们只是没有用力按马桶而已,马桶已经很旧了,也许我该把它换了?

[①] 一款免费提供在线图片及视频分享的社群应用软件。

让我想想自己到底做了点什么：

这些年来，我一直教育女儿们不要总是责怪别人，不要为小事反应过度、气到发抖，因为我希望孩子们不再对一些诸如鞋子不合脚或者"某人"吃光了她们的万圣节糖果之类的小事斤斤计较。但我自己却把这些行为犯了个遍。

我在我的丈夫——那个与我一同为人父母的人面前颜面尽失，也许他对我的尊敬也将消失殆尽、无可挽回，也许他再也不会坚信不疑地说："凯莉？她是个很棒的妈妈。"哪怕是在结婚纪念卡或者生日祝酒词中客套，他也不会再说这句话了。

我是不是在祈求上天让我遇到一些什么真正的麻烦？

回到家后，我看到克莱尔正坐在我的床上抽鼻子，显然她被我的怒气吓到了（我的怒气比"怒气"二字字面看起来更为可怕），更别提清理人类粪便有多恶心了。我得做点什么安慰她。

我得向她道一个完美的歉。我妈说过，最基本的道歉是认错，而最好的道歉则需要点明自己的错误。你必须表达出你的悔恨，并让对方感受到。最重要的是，道歉时只需要道歉，千万不要给自己找借口。也就是说，讲完"对不起"之后停顿一会儿，不要接着说"但是"，更别说"你怎样怎样"。

然而问题在于，我们从幼儿园起听过无数个"对不起"，各种语调，各种目的，可紧随其后的往往是些絮絮叨叨的辩解，意思各有不同，有的是"我不该先这样的"，有的是"我希望事情能有个了结"，有的是"拜托，不是都没事了吗，你怎么还在生气啊"。所以，比起"对不起"，我更喜欢"我错了"，这句话更诚恳，更难说出口。"我错了"，这句话的意思很明确，而且语气无比谦卑。

我靠过去吻了克莱尔，希望能安慰到她："克莱尔，我错了。"

她躲闪开说："你吓到我了。"

"我知道。只是——我刚跟乔治娅说过——"

"妈咪，是我做的。"

我还能更蠢一点吗？

"我的天啊！"我站在克莱尔床边，而几步之外，乔治娅正闷在自己的房间里。我双手叉腰，双眼紧闭，深吸一口气，走向乔治娅的房间。好时跟着我穿过走廊。

"乔儿。"我喊了一声。她抱着双臂，表情冰冷。她知道是我的错。也许她希望我能负荆请罪。我接着说："我错了。我以为那是你的便便，原来是克莱尔的。就算那是你的，我的反应也太过了。但是——"

"但是——？"她语调上扬。

"没什么、没什么，我错了。"

只要持续关注一周的新闻，你就会发现原来有那么多关于道歉的报道。NBA 赛后采访中，一名白人球员说金州勇士是"一群反应敏捷的小猴子"。第二天，他发表声明说他措辞不当；一家安保公司道歉说，他们在大型体育场演习的时候，不慎将一颗假炸弹留在场馆内，吓坏了捡到炸弹的工作人员；加拿大总理发表讲话，向一群移民后裔道歉，说加拿大 1914 年拒绝他们的祖辈和父辈入境是错误的；一个男人为了帮家人还债抢了银行，坐了五年大牢，出来后向当天的顾客认错，抱歉那天吓坏了他们。

所以，我还在犹豫什么呢？爱德华建议我可以从他开始，挨个道歉。好吧：

爱德华·利克蒂，你是个好男人，是我的好丈夫。我想向你道歉，十七年前，我们从旧金山搬到伯克利的那天早上……你去买咖啡的时候（你太体贴了），我把你的 T 恤衫扔了。我不应该那样做的，但等我回过神儿来的时候，那个装衣服的深绿色大袋子已经在垃圾箱里躺着了。我错了。后来我又撒了个谎，说把它送给路过的流浪汉了……那也是我的不对。

（请注意，我没写"但是，承认吧宝贝，那些 T 恤真的好俗气"之类的话，尽管事实确实如此。只有刚开始学道歉的人才会这样敷衍塞责。）

我也很抱歉我质疑你工作上的选择。你告诉我与同事发生了冲突，我却不认同你的观点，这一定让你很抓狂。我这样做也许是为了让我们的交流显得不那么敷衍，也许是女儿们惹我生气了，而我把气撒在了你身上，也许是为了证明我也很聪明，但无论如何，我这样做是不对的，以后会尽量改正。

还有：

每次你为重复的账单和保险公司吵架的时候，或是仔细阅读我们作为夫妻一起签订的合同的时候，我总会偷偷溜出去散个步。我总是把这些烧脑的工作交给你，这样是不对的——何况其实我连简单的事情也不太做。比如，女儿们的朋友来家里玩，他们打开冰箱发现里面空空如也，就会问"你们家吃的放哪儿"或是"你们吃什么配鹰嘴豆泥"，这时，我才会去买菜。

虽然我承认了自己的错误，但还是会想，我们是不是真的需要如此关注自己的性格缺陷。如果我本身性格就是没有那么完美呢？如果这就是我平常的说话方式呢？更何况，如果我承认乱扔东西、搞破坏或推卸责任是错误的话，那以后就不能这么干了。我不太可能成为一个比现在更完美的伴侣，这个目标太远大了。要暴露自己最糟糕的一面，同时还期待能作出改变，简直令人望而生畏。

绿丸的妈妈是一个非常能干的女人，她用一袋发了芽的土豆养大了六个孩子。小时候，我们每年去看她三四次。她有二十多个孙子孙女，热热闹闹，其中不少住在她家附近，跟她更为亲近，而我只是孙辈中毫不起眼的一个。我会跟她打个招呼，她会问我一两个问题，比如最喜欢哪门课啦、会长多高啦，然后她就被别的亲戚叫走了。对我来说，克丽塔只是一个矮个子的老妇人，牙齿灰白，她只是刚好是我奶奶而已。而对于她的孩子们来说，克丽塔是将他们凝聚在一起的力量。

在她觉得自己真的老了之前，已经整整守了十年寡，后来八十多岁的时候，她还在巴尔的摩的一个小公寓里独居了两年，由全职护士贝蒂照顾。那时候我刚二十出头，也住在巴尔的摩，在联合之路①工作，这份工作让我觉得自己"是个不错的人"，正在"改变世界"。（在中二②的千禧一代出生之前，我就已经是个中二青年了。）

我热衷于自我实现，通读了《高效能人士的七个习惯》，随后又拿了一支粗粗的黄色荧光笔，精读了一遍。柯维博士告诉读者，我们应该"以终为始""要事第一"，我深表认同，把这些话记了下来。在书后的空白页上，我用几个大写字母总结了我毕生的志向：成为一个有用的人（*BE USEFUL*）。

---

① United Way，全球最大的非营利性公益组织。
② 中二病，主要指自我意识过盛、狂妄，又觉得不被理解、自觉不幸的人。

但问题是，这些崇高的品格并没有真正反映到我的日常生活中。我的房间里贴满了柯维的格言，都是关于打破思维范式和要事第一的，然而其实我满脑子都是"我、我、我"，还有明天怎样才能变成更好的我——实现价值、升职、更加苗条、与心爱的人坠入爱河。因此，再多的自我反省也不会指引我开着二手的本田思域，前往7英里外的埃尔克里奇庄园。那是由一户户的一居室组成的单层公寓群，绿丸的妈妈就住在那里，她常坐在她的躺椅上打着盹，用她那深蓝色高跟鞋的鞋尖一下又一下轻点地板，期待着有人突然造访。

我的堂姐丽莎在天主教的慈善机构工作（所以她也是个善人），每周会去看望克丽塔一两次，和她玩一局金拉米或是来一块伯格饼①。有一次她告诉我，她想在克丽塔去世之后搬去克丽塔的房子里住，这让我大为震惊。

我在巴尔的摩住了两年，只去看望过克丽塔一次。

那天天气很好，老板去开会了，是一个关于计划捐赠的会议。我在办公室闲了一上午，午餐时去内港散了个步，三点的时候，我再也坐不住了，于是直接下楼，给自己找了个借口，提前两小时下班，去和奶奶待十分钟，算是个"探亲假"吧。从办公室到奶奶家有二十分钟车程。我开车的时候

---

① Berger cookie，巴尔的摩传统饼干，一种涂满厚厚巧克力的脆饼，由乔治和亨利·伯格（George and Henry Berger）于1835年首次在巴尔的摩烘焙出来。

一直在想：丽莎一般在克丽塔那里待多久？克丽塔会不会记得跟我爸说我来看望过她？（如果有 Instagram 就好了，我可以上传一张照片，配上一句"周二晚上和奶奶玩得超嗨，# 充满智慧 #86+ 酷奶奶"。但 1992 年可没有这么便利的工具，能让人记录自己的善举、漂亮的发型和灿烂的一天。）

我走进房间，看见克丽塔缩在摇椅里，像一尊雕塑，身边的托盘桌上摆着一局没结束的纸牌接龙，公寓里有香肠的味道。我吻了她一下当作打招呼，她的毛发搔弄着我的嘴唇。我在她对面坐了下来，大声地跟她聊天，说些与她无关的事情：我工作一周年啦，周末我和室友办了场饮酒会啦，慧俪轻体[①]新的积分系统啦。她只是自顾自地玩着纸牌，时不时点头微笑，非常放松，甚至放了一连串断断续续的屁，让我想起了《命运之轮》[②]。当我没话可说的时候，她便开始讲：玛丽姑姑每天都来看她啦，佩吉姑姑送来窗台上那个可爱的盆栽给她啦，迪基叔叔周六带来了蛤蜊浓汤啦。她一遍又一遍地讲着同样的小事，历久而弥新，直到我觉得自己已经待得够久了。

我很想马上告诉爸爸我去看过奶奶了，但长途电话费很

[①] Weight Watchers，一家全球领先的健康减重咨询机构。

[②] Wheel of Fortune，美国综艺，其中一期录制中，有位女性转动轮盘时突然放屁，视频广为流传，也被称作放屁之轮（Wheel of Farts）。

贵，所以我第二天上班时才打给他。

"我昨晚去看克丽塔啦。"我语调轻松，一副没什么大不了的样子，好像我常去看她似的。

"天啊，那可太棒了，宝贝儿。"绿丸说，"她一定超级高兴。"

我很爱绿丸，他是世界上我最爱的人。也许我这么说，你会以为我很快又去看望他的母亲以博取他的欢心。但几个月过去了，我一直没有再去。等到我再次认真考虑是不是应该"找个时间"去探望克丽塔的时候（好像我真有那么忙似的），已经是一年后了。

我也不是没想过。每周六晚上，我们都会各自带一道菜去玛丽姑姑家聚餐。晚宴上，丽莎总会讲她和克丽塔做魔鬼蛋的故事，而我听后就会暗暗发誓，一定要去探望克丽塔。"这周一定去！"睡前我会在日记里郑重地写下。但到了第二天早上，我就会将其抛在脑后，满脑子都是：小壮举乐队[①]要开演唱会了！我怎么才能在一个月里减掉4磅肉啊？如果想去澳洲旅游的话我明年得攒多少钱才够？

然而没过多久，一切都来不及了。一月的一天早上，我正在上班，绿丸突然打电话给我："我刚和你佩吉姑姑通了电

[①] Little Feat，美国南方摇滚乐队，代表作有《宇宙大爆炸》(*Big Bang Theory*) 等。

话，你奶奶今早去世了。"

"天啊，爸爸。我很——"

"你应该多去探望她的——"他脱口而出，语气平淡而冰冷，我从没听过他这样讲话。

"我是准备去的，都列上日程了。"她的名字就写在那儿，写在我《纽约客》杂志的台历上，甚至重点地画上了框框——周六上午，十点：克丽塔！

"你应该经常去看她才对，凯莉。她是你奶奶啊。"我哭了起来，先是因为羞愧，而后是因为意识到自己是因羞愧而哭，而不是因为失去她而悲伤，于是更加羞愧了。

"你们什么时候过来？"我问爸爸。

"今天稍晚些时过去。等会儿再打给你。"他略带愤怒，匆匆挂了电话，我弱弱地说了声"对不起"，但他没有听见，况且现在也不是道歉的时候。他得赶紧写悼词，得给别克车加满油，还有一堆电话等着他去打。

我悄悄离开办公桌，躲到办公室唯一的卫生间里。我锁上门，放下马桶盖，坐在上面，号啕大哭。我让绿丸失望了。我太不成熟了，太自我了，这些缺点他都知道，我却从未改正。从现在开始，我发誓要做一个模范小孩——预见别人的需求，主动要求分担，尽早到场，着装得体。

那天晚上我父母抵达的时候，柯利根家所有人都已经来到了巴尔的摩。柯利根家直系亲属有五十六口人，还有二十多位伴侣。我们在约克路海之骄傲餐厅聚餐。菜单上满是马里兰州引以为傲的海蟹菜肴：油炸蟹饼、软壳蟹、蟹饼、螃蟹玉米片、蟹味椒盐卷饼、螃蟹汤、蟹肉丸。我们坐在包厢里的长桌边，剥开沾满欧德贝调料（Old Bay）的蟹壳，从破旧的塑料壶中倒出冰冷的淡啤酒。《超级瘾君子》[1]的旋律从吧台那边飘了过来。

终于，到了祝酒词的环节。玛丽姑姑提起"妈妈"便口若悬河，聊她的厨艺，聊她的信仰。吉米叔叔则讲述着克丽塔那钢铁般的意志，为了让孩子们都有学可上，她跟别人吵了多少次架。绿丸接着说，克丽塔很是冷酷无情，"如果有必要的话，她绝对会赏我们一顿竹笋炒肉"。她足智多谋，极富创造力，坚忍不拔而又忠贞。她总是"家庭至上"。我羞愧地低下了头。"家庭至上"，我怎么什么都没学到呢？

那晚我躺在床上，一直在回想大家的话，"圣·克丽塔"听起来如此风趣，如此平易近人。其实我每周四都会去费尔斯角喝野格酒[2]，顺道去探望她几分钟一点也不难。

我们在一家爱尔兰殡仪馆为克丽塔守丧，仪式进行了几小时。我在一旁静静地看着棺材，一小时后，终于可以走过

---

[1] *Super Freak*，放克大师瑞克·詹姆斯（Rick James）的著名曲目。
[2] Jägermeister，德国一个利口酒品牌，狂欢派对、音乐巡回演出等年轻人喜爱的活动上经常提供这种酒。

去瞻仰遗容。她就躺在那里，穿着蓝色羊毛连衣裙和厚厚的裤袜，紫色的头发一如往常地梳起，露出前额，她那双布满皱纹的手曾做过那么多家务活儿，下厨、缝补，甚至教育我们，现在只是温柔地交握于胸前。她的皮肤薄如纸片，我想抚摸她，又不敢伸出手，皮肤表面的细纹让她看起来很脆弱，完全不像传说中那个坚韧的人。不知道这些细纹是她离世后才出现的，还是在生命最后的几年就已经出现了。

第二天早上，克丽塔的葬礼在查尔斯街的玛丽女王大教堂举行。教堂很大，连强尼·尤奈塔斯[1]都不可能把球从教堂的一头扔到另一头。教堂前的四排长椅上挤满了她的孩子和孙子孙女，甚至还有十几个曾孙，所有人的头发都梳得整整齐齐。空气中弥漫着香水和发胶的气味，混合着教堂里的熏香和发霉的气息。我穿着 The Limited[2] 的人造丝套装，一件卡其色的短裙，配上一件夹克，垫肩尖得吓人，那是伊曼[3]和大卫·拜恩[4]掀起的流行风尚。我们后面坐着几百个巴尔的摩本地的天主教黑手党。每个人都在哭泣，为了克丽塔，也可能是为了别的什么事情。第一次，爸爸和他的兄弟们肩并肩地坐在最靠近祭坛的长椅上，我很清楚这是因为什么。

---

[1] Johnny Unitas，著名橄榄球运动员，传球技艺高超。
[2] 美国女装品牌。
[3] Iman，第一位有色人种超级名模。
[4] David Byrne，苏格兰和美国的音乐家。

教堂外的台阶上,穿着羊毛外套和深色套装的亲友们站得笔直。有人点上了香烟。女人们戴上了黑色皮手套。经年不见的人们互相拥抱着,笑着,追忆着似水年华。我的兄弟姐妹们有那么多关于克丽塔的故事可说——开车带她去教堂,带朋友们去探望她,有一次她苏格兰威士忌喝多了……而我无法融入这个圈子,我很讨厌这种感觉。于是,我在人群中来回穿梭着寻找绿丸,跟在他身边。我们还没和好,但他没时间考虑我。他的母亲刚刚去世。

大家终于驱车从停车场出发,来到了丧宴现场。我灌了六瓶百威清啤,抽了堂哥特雷至少半包荣誉[①]。我们唱起了柯利根家族的歌,我的哥哥们站在爸爸两侧。"*C-O-* 两个 *R-I-G-A-N*,拼成我们的姓氏柯利根,骄傲的爱尔兰血统在体内狂奔,从没有人胆敢反对我们……"我们吃了火腿,还有撒着些玉米片的康宝(Campbell)浓汤炖锅。之后,我们又合唱了"上帝保佑美国"。

葬礼隔天,柯利根家的人回到教堂,参加了早上九点半的弥撒。他们的另一半都没有来,而是留在房间打包行李,带孩子。孩子们已经累坏了。我跟着绿丸,希望能找个机会和好。我们坐在克丽塔常坐的长椅上,但他甚至没有觉察到我在他旁边。

[①] Merits,世界第一大烟草公司菲利普·莫里斯旗下香烟品牌。

我迫切地想要与他和好，而绿丸仍沉浸于悲痛中。如果这种情绪持续下去的话，悔恨将如冰冷的洗澡水一样将我淹没，直到他将注意力转向我这个第二要务。凡事都讲究先后，你必须尊重事物的顺序。你得先给车加满油，再听收音机查看路况，然后来回调几次，才能找到金莺队[①]比赛的频道。你得先去探望奶奶，然后听一听每周的节食建议，之后再冲向普拉特街和朋友们一起享受半价鸡翅。

弥撒结束后，我们七个人开着两辆车，回到外婆莉比位于坦布里奇街的住处。莉比温柔地和我们每个人打了招呼。她很喜欢克丽塔。妈妈从楼上走下来，问候了聚在光滑的胡桃木餐桌旁的我们。她看起来漂亮而可靠，仿佛完全清楚每一步该做什么。于是我跟着她做。她给每个人倒上咖啡，让我把十字面包分给大家，同时确保每个人都拿到了一条餐巾。

迪基叔叔对茶点赞不绝口。他夸赞完点心后，给我们讲了一个古老的故事。他们小的时候住在乡下，家里特别穷，于是养了几只鸡做宠物。合他们四人之力才想起了小鸡们的名字：巴尼和杰瑞。我说难以想象家禽也可以当宠物养。此话一出，大家发现我是房间里唯一不知道这个故事的人（就连莉比都听过这个故事），于是我成了唯一的听众。

[①] Orioles，巴尔的摩当地棒球队，属于美国联盟东部赛区。

"小凯,那时候,我们邻居家养了一条狗。"迪基说道,"叫什么名字来着?"

"那绝对是全世界最丑的狗了。叫胡椒!"绿丸立马接上,直直地看着我,眼里闪着光。

"对对!胡椒!妈呀,我恨死那条狗了。"

六个兄弟姐妹你一言我一语地拼凑出了一个完整的故事。

"胡椒跑到我们院子里来,追着小鸡满院子地跑啊——"

"迪基跑出去,眼泪当时就流出来了。他快崩溃了,说——"我爸笑到说不出话,挣扎着蹦出几句,"他说我们应该把小鸡尸体拼回原样再埋了。"

"但是,克丽塔啊"——吉恩看着我——"收拾了这个残局,做了焖鸡块。"

柯利根一家人笑翻了天。

"克丽塔可不会埋了这等上好的食物,宝贝儿——"绿丸把手搭在我胳膊上,我们之间的隔阂消失了,"我的天啊,迪基哭得可惨了,晚餐时一直在哭。"

回忆让他们笑到喘不过气,笑得像一群玩抓人游戏的孩子。等情绪平复下来,吉恩拭去眼角的泪水,说道:"她做菜超好吃。克丽塔·柯利根做菜超好吃。"

悼念克丽塔的周末就要结束了。爸妈马上就要赶回费城。是时候跟爸爸道歉了。

绿丸把行李箱放进后备厢时,我过去找到了他。

他先开口:"哦,你啊。"

"我很惭愧,爸爸。"绿丸看向了我。"我应该多去看望看望克丽塔的。我错了,我太自私了。"

"你能这么说,我觉得很好。人长大以后就很难轻易认错了,但改正错误非常重要,凯莉。"我点了点头。"现在你明白了。"

"现在我明白了。"我说着,眼泪在眼眶打转。

"何况她是一个那么好的人。"

我又点了点头。

"好啦,宝贝儿,把那个小冰箱递给我。"

我想,做错事并不代表你变坏了,并不说明你打心底已经烂掉了。你仍然可以做一个好人,有着自己的志向,立志养成良好的习惯,成为一个高效人士,然后搞砸一切。

而我花了更长一段时间才明白,爱一个人就应该爱屋及乌,或者至少尝试去爱屋及乌。现在我完全明白了:爸爸并不是要求我必须列一个时间表,像看牙医那样定期去探望克丽塔,他只是希望我能更了解她,享受和她在一起的时光,而不是让她化作虚无。那是我的错。"对不起,绿丸,我错过了她,没有尝试去了解她,是我错了。"

和父母吻别后,我开车回家,想象着我的未来。将来我也会有自己的孩子,他们和绿丸还有我妈妈之间的关系可能很尴尬,也可能很要好。他们会去看望我的父母吗?他们想去吗？这件事情对他们重要吗？像对我一样重要？如果他们跟我一般冷漠，我会原谅他们吗？

　　我当然会原谅他们，因为人总会犯错。我会常常原谅我未来的孩子们，就像我常常需要父母的谅解一样。这是一种循环，我们终将一起走下去，不断原谅彼此。这是必经的旅程。

你已经很棒了

Good Enough

那个对我们来说很重要的人告诉我们,

他始终相信我们,声音洪亮而坚定,

对抗着世间的一切。

我有很多锦囊妙语都是在跟我的朋友阿里尔聊天时脱口而出的。每周二早上，我们把孩子送到学校后，都会绕着皮埃蒙特走上一小时左右。她喜欢爬山，爬山的时候说话都不会喘（她比我年轻多了）。我喜欢阿里尔，因为她经常问一些充满智慧的问题，她能记住别人说的每一件事。她的童年经历令人唏嘘，但她已经完全走出来了。而且，她非常理解人类的各种行为，并能替他们作出解释，因为她天生善于观察，情商堪比禅宗大师，并且她还是个心理治疗师，是特罗斯特医生。她的办公室位于学院大街一家书店的楼上，她每周都会花三十小时来倾听患者的倾诉，非常专业。

自高中上了第一堂心理课之后，阿里尔就一心想当一个心理治疗师。研究了几周后，她给自己布置了一些额外的家庭作业，她发现自己对创伤很感兴趣，于是开始了一项伟大的研究：采访遭受过性侵犯并留下创伤的女性。阿里尔说："从那时候起，我就再没考虑过要从事其他职业。"

阿里尔本科就读于加州大学伯克利分校，毕业两年后，她开始在得克萨斯大学奥斯丁分校攻读博士学位。第一年，她在学校里上课做实验，之后就开始实习。在实习期，所有学生都必须与病患互动达到三千小时，才可以拿到执照。换句话说，学生们修完九门课后，就立马开始与病人交流，为病人诊疗。阿里尔那时还无法想象自己与病患交流时的样子，她说："我特别害怕。我觉得自己还得再学五年，才能真正准备好上岗。"

阿里尔的实习是参与圣埃德大学的一个专门针对非洲难民的特殊项目。圣埃德是一所进步主义[①]天主教大学，位于得克萨斯大学附近。阿里尔跟老师说她不行。在项目中负责指导阿里尔的劳拉是一位四十多岁、育有两个孩子的母亲，她问阿里尔有什么顾虑。阿里尔回答说："担心自己会成为江湖骗子。"劳拉手握专业执照，而且她本人曾遭受过一次暴力袭击，一部分脸被毁容了，因此在安抚他人方面极具个人说服力。她反复向阿里尔保证："你绝对已经准备好了。"

阿里尔低头看向自己的订婚钻戒："我应该摘掉这个吗？我怎么能戴着戒指呢？"

劳拉说："你明白的。那枚戒指表明你接受过很高的教育，

[①] 受19世纪末20世纪初的进步教育运动影响，美国出现了一批进步主义学校。相比于传统学校，进步主义学校更加以学生为中心，在注重学习的同时也注重素质教育。

表明你是个成熟的人,而且有人在你身后支持着你,所以你也一定可以成为别人的支柱。"

阿里尔并没有被说服:"我才二十四岁,接受过良好的教育,衣食无忧,有人爱有人疼,凭什么去安抚他们呢?课本上的知识?随堂练习?人家凭什么相信我,凭什么告诉我他们的故事、他们的痛苦呢?"

"因为你值得信赖,这就够了。"

阿里尔帮助的对象是一位来自塞拉利昂的女人,自称琼。

阿里尔说:"琼很瘦小,才二十几岁,但心性很成熟。"问诊是从一系列基本测试开始的:你现在是否感到焦虑?最近你的食欲有没有什么变化?你每周喝多少酒?她们谈话的时候,琼总是沉默寡言,彬彬有礼。琼有一个三岁的孩子,她晚上在一家电脑制造公司的流水线上工作。阿里尔很久之后才知道,琼的上司非常讨厌,总是对人颐指气使。白天的时候,琼会重修在她的祖国上过的课程,希望有朝一日可以做回老本行。在塞拉利昂时,琼是一位工程师。

在为琼进行诊疗期间,阿里尔时不时会碰见劳拉,劳拉一直向她保证,她完全可以胜任这份工作。"劳拉告诉我:'你不需要改变自己。你已经很棒了。'她是第一个和我这样说的人。"

这个诊疗持续了一年,琼慢慢地开始敞开心扉,她告诉阿里尔,她的家人全部丧命于种族大屠杀。她遭受过强奸,之后生下了一个儿子,他们母子俩在得州相依为命。琼说,在异国他乡养育小孩非常艰难,她的人生就是生存模式[①],生活压得她喘不过气,她还说了任由一个愤怒的上司呼来喝去是如何如何痛苦。

进行了几十次诊疗之后,阿里尔终于正式入职,成了劳拉曾保证过她可以成为的那种人,这在阿里尔的意料之外,却也在情理之中。阿里尔说:"我想我是第一个认真倾听琼的人,我完整地听了她的故事,听进了心里。我想,这就够了。"

最近,阿里尔的女儿鲁比刚刚举办了犹太教成年礼[②]。

犹太人希望一个刚步入青少年阶段的孩子在成人礼上做的事情——呃,打个比方吧,我是在鲁比他们这么大的时候开始学习法语(作为第二语言)的,但六年过后,我还是觉得自己没有达到会话水平,也唱不了法语歌,正念倒念都不流利,背诵朗读都不太行,自己私下讲或是当众说都说不溜。

[①] 一种游戏模式,玩家出生时一无所有,需要自己寻找生产资料,有时需要与别的玩家互相杀戮,唯一目标就是活下去。

[②] 犹太人举办成年礼后代表已经长大,此后必须遵守诫命。通常男孩十三岁举办成年礼,东正教犹太人和保守派犹太教女孩十二岁举办成年礼,改革派犹太教女孩十三岁举办成年礼。

何况法语还是有元音字母的①。

你可能听说过，犹太人成年礼的准备工作耗时数年，孩子们得每周上一次希伯来语课，还要接受拉比②的一对一辅导。鲁比的拉比是一位身形瘦小、声音洪亮的女性，名叫诺亚。此外，鲁比还需要完成一项大型社区公益项目才能举办成人礼。鲁比酷爱骑马，所以她设立了一个奖学金，名叫"长辔远御"③，通过这个项目，贫困儿童可以来她骑马的马场上马术课。她曾向克莱尔解释："照顾动物可以让人更有同理心。"

成人礼那天，我们挤在一把长椅上观礼九十分钟，鲁比用希伯来语唱歌，还讲了一个《旧约》里的故事。鲁比镇定自若，主导全场。诺亚站在她身后，看起来非常开心，没有一点儿惊讶。仪式的最后，鲁比讲了一段"米德拉什"④，向在场的各位布道。而按照我小时候所信奉的宗教教义，即便是每天研究上帝之道的修女也不可以布道。我的女儿们更是

---

① 法语有元音字母而希伯来语没有，通常有元音字母的语言发音比较简单，作者在此处想强调对自己来说法语已经够难了，而希伯来语更难，表达几年内学会希伯来语并达到会话和唱歌水平简直是天方夜谭之意。
② 犹太人中的一个特别阶层，原意为老师，是智者的象征，指接受过正规犹太教育，系统学习过犹太教经典，在犹太人社团或教会中担任精神领袖或是在学员中传经授典的人。
③ take the reins，俗语，意为支配、掌握，字面意思是握住缰绳。
④ Drash，即 Midrash，希伯来语 שרד，"解释阐述"之意。犹太教解释和讲解《圣经》的布道书卷。

目瞪口呆，比起《圣经》里的雅各布和约瑟夫，她们更熟悉《未婚女子》①里的乔乔和乔丹。

鲁比在旧金山举行成人礼那天，我发现犹太教成人礼其实就是一群人在高唱"你已经很棒了"。所有人都对鲁比讲这句话，她的爸妈这样说，是在告诉她，他们期待她"继续走出自己的美丽人生"。她的祖父母这样说，代表了鲁比的信仰的拉比诺亚这样说，甚至连我们这群将信将疑的朋友也都在对她这样说。我们异口同声地说："你已经很棒了。"这表示：她已经很棒了，可以为自己的余生负责了。

仪式结束后，我与拉比诺亚的丈夫拉比迈克尔聊了会儿天。迈克尔每年会为大约五十个十三岁的孩子举办成人礼。我们聊了一小时。他有无数个故事，也很爱讲给人听。他热爱自己的天职，谈吐间充满了信仰。

一开始我问他，为什么这个成人礼要在十三岁的时候举办？"十三岁是一个非常关键的年龄，不仅仅因为这个年龄的孩子开始发育，开始长胡子或者身材曲线开始明显，在智商和情商上的提高都非常迅速，而且过了这个年龄，他们的人生会变得越来越变幻莫测，他们将步入台风的风眼。我们希望我们的信仰、我们这个团体，可以帮助他们挖掘自己的

---

① *The Bachelorette*，ABC 出品的恋爱约会型真人秀节目，2003 年开始播出，每年一季。

力量。"他所说的力量是指在这个世界上积极生活的力量，不再是一个依赖别人的小孩，而成为向善的力量。

我问拉比迈克尔，有没有孩子让他担心过，有没有孩子无法完成仪式的要求，或是不能完全理解这个仪式。他说："到目前为止还没有，所有孩子都做得很好。我是说，孩子们总会成长，一定会有所提升。"他说他最喜欢有一次成人礼上，孩子的妈妈把麦克风递到女儿唇边，而那个女孩接过麦克风说："妈妈，我自己来。"

"当我看到孩子们感受到那一刻的分量，看到他们知道自己有话想说，知道自己的声音应该被世界听到，我特别欢喜。那抓住麦克风的样子，真是太棒了。"

拉比迈克尔一生中"最神圣的日子"之一是加布里埃拉的成人礼。加布里埃拉是一个十五岁的女孩，常年坐在轮椅上，很喜欢绿日乐队[①]，喜欢马，喜欢托尔金[②]。她患有雷特综合征，这是一种遗传性神经系统疾病，会诱发癫痫和肠胃问题，有的患者语言能力也会受影响，加布里埃拉就是这样。然而在她坚强的妈妈哈里特的帮助下，加布里埃拉借助一个可以用下巴控制的装置打字，完成了和鲁比一样的成人礼准

[①] Green Day，美国朋克乐队，代表作品有《美国白痴》(*American Idiot*)、《九月结束时叫醒我》(*Wake Me Up When September Ends*)、《郊外的耶稣》(*Jesus of Suburbia*) 等。

[②] Tolkien，英国作家、诗人，代表作有《霍比特人》《魔戒》等。

备课程。

成人礼那天，加布里埃拉的体重只有38磅①。迈克尔回忆道："她全身泛着圣光，用机械的声音说：'上帝无处不在，永存于每个人心中。'"他深吸了一口气，继续说道："我闭上眼睛就能回到那个上午，回到那一刻。没有比帮助一个孩子看见自己有多棒、帮助他们认知自己的力量更好的礼物了。"

我十三岁的时候很喜欢卡莉·西蒙②、《霹雳娇娃》③和加了黄油跟盐的速食米饭。那时的我尚未形成自己的世界观，也没开始自己的非营利性事业，但我很受老师们的喜爱，而且我不怎么对父母撒谎。然而十五岁那年，我掉入了谷底。

高二刚开始的时候还好。我开始在维拉诺瓦比萨店打工，每小时工资4美元，可以免费吃比萨饺，而且那里还有一个名叫马特的大一学生。马特超级可爱，但是个子很矮，因为这个缺点，说不定我能有机会钓到他，何况我好几次抓住他偷瞄我刚发育的胸部。我精挑细选了一身衣服去上班，水洗单褶牛仔裤配上鳄鱼图案的衬衫，手戴透明的斯沃琪

---

① 约34.5斤，仅相当于正常发育的四到五岁儿童的体重。
② Carly Simon，美国歌手，代表作有《没人做得更好》(Nobody Does It Better)、《你是如此爱慕虚荣》(You're So Vain)等。
③ Charlie's Angels，美国20世纪70年代的热门剧集。

（Swatch）手表，脚蹬一双切尔顿[1]。我绞尽脑汁想出一些话题，尽量让自己显得更成熟：准备去看的演唱会啦，跟我哥在华盛顿与李大学[2]玩啦。然而鱼还没上钩，我就被经理斯塔比叫到了寒酸的后台。他说，他盯了我五个班，决定开除我。理由是我显然没把工作当回事，我总是迟到，老是溜出去抽烟，有顾客来电的时候，我居然因为在和马特打情骂俏而没立马接电话。"天啊，我太失败了。"我想，我猜哥哥们也是这么看我的，他们从没被炒过鱿鱼，还有我妈，尽管她不会说出口。

但是绿丸却笑出了声。

"一点儿也不好笑，我很失败！"

"不，你没有。总有一天你会明白的。你已经完全准备好了，孩子。"他是看到了我的什么潜力吗？

之后不到一个月的时间里，我先是被曲棍球队开除，而后竞选学生会职位失利，再然后我去希尔斯百货偷东西，一家接一家地逛，顺手牵羊了些小玩意儿，被一个便衣保安当场抓获。他把我带回办公室，从我的背包里搜出了十八样东西，有糖果、假珠宝，还有准备在我妈过生日时送给她的连裤袜，总共价值56美元。那年春天晚些时候，我在高二生半

---

[1] Tretorns，瑞典帆布鞋品牌。

[2] Washington and Lee University，始建于1749年，为美国第九古老的大学。

正式舞会上喝得酩酊大醉，被停课留校察看一周。我跟那些破坏公物、对老师们比中指的孩子被关在一起。现在我也是跟他们一样的人了，就像是薇诺娜·赖得遇上了林赛·罗韩[①]。我本希望自己可以成为一个更好的人——班长或是长曲棍球队队长——而不是一个落选的竞争者、失败的运动员、失业的比萨店员、漂亮的小偷。

这一年我过得轰轰烈烈，让我妈老了十岁，但绿丸一直对我很有信心，一副不以为然的样子。他下班后会来到我的房间，领带松松垮垮地系在脖子上，手里拿一罐美乐啤酒。他坐在我的天蓬床上，屋子四壁粉白相间的墙纸与住在这间屋子里的废物格格不入，看起来十分可笑。他会问我最近又犯了什么错，我则会喋喋不休地抱怨我的失败、我的悔恨、我有多么多么倒霉。

"这些都是成长的必经之路。你很好，宝贝儿。"

"不，我不好。"

他轻轻地拍了拍我的膝盖："你已经很棒了，相信我。"

在学校里，每当我从正在开会的学生会成员身旁经过，听到曲棍球队接下来的比赛日程，内心都会无比失落。我什么都没有，只有一句"你已经很棒了"，而越来越多的证据表

[①] Winona Ryder 及 Lindsay Lohan，两人均为好莱坞著名童星，都很反叛且堕落。

明，我是个废物。

  大学的时候，全国泛希腊理事会①派了一位官员来监督我们的成长，而我在他眼皮子底下办了一场姐妹会的欢乐时光派对，给来参加舞会的同学们无限量供应酒精，结果被NPHC叫去点名批评。之后不久，我再一次被炒了鱿鱼，丢了食堂收银的工作。那个在学校里工作了好几年的善良男人跟我说，我是第一个被他"炒鱿鱼"的人，他别无选择，因为我总会把士力架免费送给兄弟会主席、足球队员，还有马泰奥。马泰奥是我们学校最有名的交换生，身形修长，长着一双小鹿般的眼睛，如此 *mozzafiato*②，我恨不得把我的内衣都扔给他。大四那年秋天，我的大学生涯以一次酒驾收尾，我被拘留了一夜，和一位名叫奥兹的妓女关在一起，第二天早上，我的驾照被吊销了六个月。

  大学毕业后，我错过了更多的机会，又犯了一些错。我整天喝咖啡，每晚抽半包烟，体重超重27磅。三十岁的时候，我大部分的朋友都结婚至少一年了，有几个还买了房，而我依旧单身，负债6000美元。我还是不会好好照顾自己，一个我没留意的痣变成了侵袭性黑色素瘤。但绿丸对他的宝

---

① National Pan-Hellenic Council，NPHC，国际希腊字母兄弟会和姐妹会合作组织，美国大学的兄弟会和姐妹会通常以希腊字母命名，NPHC负责统筹指导各校希腊字母兄弟会和姐妹会。
② 意大利语，字面意思为"令人忘记呼吸"，表示极为美好。

贝儿身上的缺点视而不见。他自己也有点大器晚成,所以他不认为我会就此堕落:"我跟你说,宝贝儿,你会成功的。"怎么成功?什么时候?我很怀疑。

终于,十年后,我总算是过上了体面的生活,成了一个有用的四十岁中年人。我更加接近绿丸心中的那个我了,于是我问他,为什么确定我能成功。"宝贝儿,你从不会沮丧太久,不会沉浸在悲痛中。被曲棍球队开除后,你试过啦啦队,后来也没成功,然后你去参加了合唱团还有跳水队。你不需要做什么都成功,你懂我的意思吗?偶尔成功一两次就足够了。"

事情就是这样的:那个对我们来说很重要的人告诉我们,他始终相信我们,声音洪亮而坚定,对抗着世间的一切。时间久了,我们也开始相信自己——请注意,不是相信我们已经完美无缺,而是相信他们所说的这个已经很棒的我们也可以成功。老师和拉比们,讲坛上的老一辈,都坚信那些我们还不敢相信的事情:倾听的力量是巨大的;当你投身信仰的事业时,你的能力是无限的;再试一次,这是我们唯一能做的,也将会赋予我们强大的潜力。他们很清楚问题不在我们本身,我们只是设立了一个错误的目标。他们明白我们已经很棒了,只要坚守我们心底的希望与荣光,保持现在的样子就好。他们一遍遍地这样告诉我们,直到我们听进心里。

我妈妈有一次来加利福尼亚看我们的新家。在新家里,我摆放了一些自己动手做的"家具",极具创造性,但后来却越看越尴尬。妈妈在我家住了四天。第一天晚上,我带她去北海滩一个意大利风情区。那里的食物好吃而且不贵,她很喜欢。我的侧方位停车技术也让她惊叹。第二天晚上,有几个朋友来看我们。妈妈很喜欢我摆的果盘。在上芝士通心粉之前,我先上了几小碗切好的柿子椒和小西红柿,她觉得我很周到。第三天,喝咖啡的时候,我列了一个购物清单,把垃圾分好类,打电话询问学校的募捐事宜,预约了一个医生,在鸭嘴杯里装满兑了水的鲜榨橙汁[1],找到了一只鞋。我过着日常的生活,而她在一旁看着。

开车去机场的路上,她叹了口气,说:"凯莉,我得说,你非常能干。"我差点儿哭了出来。没错,绿丸之前说过几百次,说我很有潜力,但妈妈的夸赞则是基于她的种种观察。她认为事实就是这样,于是便这样说了。

实话告诉你,从那以后我对自己的看法就改变了。我——非常能干。我和我的小日子——已经很棒了。

---

[1] 鸭嘴杯是宝宝专用的喝水杯,适合婴儿嘴型;而宝宝喝的橙汁最好是稀释过的。

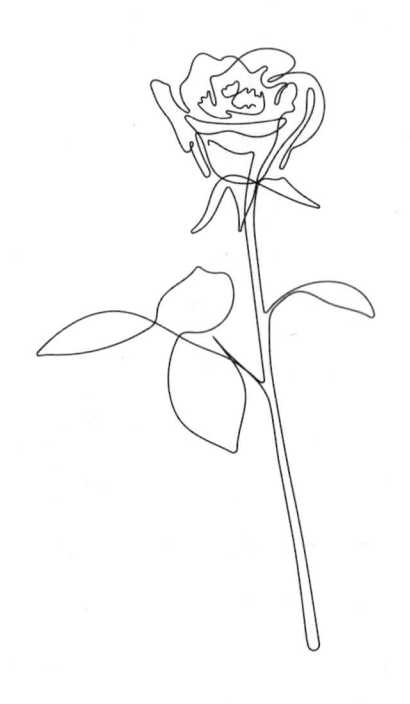

我爱你

I Love You

第一次说出口的"我爱你":

仿佛有电流经过,无比激动。

上万次的"我爱你":创造出奇迹。

最后一次的"我爱你":

一遍又一遍旧地重游的梦。

记得我刚学会用法语说这句话的时候，心里跟喝了蜜一样甜——*Je t'adore*。那时我在上高中，这句话总让我想起高跟鞋、马天尼①和舌吻。然而长大之后，我觉得比起带着香水味的 *Je t'adore*，*I love you* 要浪漫得多。历经沧桑的爱，经过岁月的洗礼，战胜种种困难，它是如此的厚重，这句朴实无华的告白常常让我如鲠在喉。

"我爱你"，不是"我爱你的笑声和神秘的表情"，也不是"我爱你内衣的搭配"，而是"尽管你去年已经长出了火鸡脖②，你吃泰餐之后老打嗝儿，至今没有克服自己的社交恐惧症，我还听见你冲孩子们大吼大叫，而且你看起来没法对我妈态度更好点，我也不敢奢求你升职加薪……但是，我依然爱你"。

在血缘关系中，大家都对彼此太过了解，尽管常有冒犯

---

① Martini，鸡尾酒之王。
② 年老后，下巴因皮肤松弛而下垂，像火鸡的脖子。

或疏忽,我们还是能打心底说出"我爱你",这让人很难理解。我觉得,这种情感上的慷慨有时候也可以被称作原谅。这种情感可以随时产生,通常都是主动的,有时候甚至是针对一些不可饶恕的错误——这种情感,正是推动家庭运转的驱动力。

我们会原谅我们的父母。他们常常误解我们,只了解片面的事情,还会搞错重点。我们会原谅我们的兄弟姐妹,他们比我们更聪明,比我们更擅长运动,比我们更快乐。我们会原谅我们的孩子,他们背离了我们的期望,总做些虽然已经到了那个年纪但依然很吓人的冒险,他们会长大,会离开我们,还不记得给我们打电话。我们也会原谅自己,我们没有成为小时候想成为的那种人,没有走出太空,也没有获得奥运会金牌。这些乱七八糟的缺点——我们的,他们的,与日俱增——需要被承认,需要被原谅。而我们正是这样做的。我们爱他们,也被他们所爱,只是这种爱并非我们以为的那样。

父母对孩子说的"我爱你",不是"我爱我们互动的方式,这让我感到你很需要我,我绝对是一个顶尖的好家长",而是"尽管生下你对我的生殖器造成了永久的损伤;你在我跳 dab 舞[①] 的时候大翻白眼;你在家里放夜店音乐、喷难闻的

[①] 起源于亚特兰大的一种街头舞蹈,通常配嘻哈音乐。

香水，让家里变成现代酷刑室，像是在阿贝克沙比 & 废鸡①；某天晚上不耐烦地等我带你去布丽奇特家，坐在副驾驶上冲我按喇叭，好像我是你的专职司机一样……但是，我依然爱你"。

兄弟姐妹之间说的"我爱你"，不是"我爱我们的心有灵犀一点通，能够不费吹灰之力地执行计划，总能记得对方的生日"，而是"尽管我们对很多事情都有不同意见，比如谁该当总统、应该多久给对方打次电话，甚至是买哪家的特大号三明治……但是，我依然爱你"。

一位中年妇女对自己的母亲说的"我爱你"，不是"我爱跟你分享彼此的衣服，我们对于电影的品位相同，2017 年前后时我们对于教育女儿的观点非常一致"，而是"每次我们聊天你都会喋喋不休地讲琼·延宁耳朵不好使了，问我看没看马克·库班②在《创智赢家》③上说了什么，问我你该不该买个机顶盒，问我为什么你的网飞④头像是一只紫色的浣熊，我们假装你有天会再来加利福尼亚，但其实你已经五年都没来过

---

① 原为阿贝克隆比 & 费奇（Abercrombie & Fitch），美国休闲服饰品牌，曾因店内放吵闹的歌、香水刺鼻、店员身材性感但不专业而为人诟病，作者将其改写为 Abercrankie and Filth，"crank"意为脾气暴躁的人，也暗指男性生殖器，"filth"指污垢、肮脏的东西。
② Mark Cuban，美国知名投资人。
③ *Shark Tank*，ABC 出品的一档创业类真人秀。
④ Netflix，美国收费视频网站。

了,而且我们都知道你再也不会坐飞机了……但是,我依然爱你"。

对垂死的父母——在此以父亲为例——所说的"我爱你",不是"我爱你对我事业上专业的建议,你总是直截了当地告诉我这些",而是"尽管在我为你顺平干枯的头发、在你舌下放了一颗药丸、用自来水为你清洗了假牙然后替你换了尿布之后,你说你好多了;尽管我乞求你不要离开我,至少再睁眼多看我一次,可你还是撒手人寰,我再也找不到你,只能听着电话录音里,你用孩子气的声音问我,我们是否还能赶上圣母大学最后一场比赛……但是,我依然爱你"。

第一次说出口的"我爱你":仿佛有电流经过,无比激动。

上万次的"我爱你":创造出奇迹。

最后一次的"我爱你":一遍又一遍旧地重游的梦。

一切尽在不言中

No Words at All

去问问舞者和运动员们，

去问问画家和音乐家们，

去问问每一个沉默的人，

他们一定会告诉你，

妄图用语言去形容情感是非常可笑的。

当你目睹了斯蒂芬·库里①晃过人群拨球上篮，或者我的朋友卡瓦闭着眼睛指挥奥克兰艺术学校合唱团，在这些精湛的技艺面前，所有语言都变得苍白。所以我们有了面部表情，所以我们欢呼、我们跳舞、我们击掌，我们还用表情符号（Emoji）。

使用语言的另一个问题是我们需要花费脑力才能把单词组成句子，所以必须分散精力去思考。也就是说，当我们想要解释某种情感的时候，往往不能全身心地投入去感受那种情绪，然而有些情感恰恰是需要我们充分去感受的。

所以，在莉兹去世后，我完全不想跟任何人说话，只想静静地坐在那里，感受那种情绪，我还会捂着嘴巴闭上眼睛，没缘由地摇头。她靠着对乙酰氨基酚和芬太尼②撑过了生命的最后一个月，努力地希望能撑到圣诞节。她希望能像往年一

---

① Stephen Curry，篮球名将，效力于金州勇士队。
② 两者均为强效止痛药。

样，与全家人一起心怀感恩地欢度这个节日，而不只是列出购物清单然后"剁手"。然而，莉兹还是走了，电话铃声开始响个不停。一周后，我有十几个电话要回，我的一些好朋友听说了这个噩耗，都想关心一下我。

其实我思念他们思念得要命——我失去了一个知己，因而更珍惜其他朋友——但我不能给他们回电话。我给朋友朱莉回过电话，但这通电话却让我感到自己很低劣、很虚伪。她说："她努力过了。"我说："至少她不再痛苦了。"朱莉说我对莉兹来说是"莫大的安慰"。这段对话听起来很温馨，但全是陈词滥调，非常可悲。因为没有人能对这些溢于言表的痛苦坐视不理，所以我们整理着本不需要去整理的情绪。况且这是在打电话啊，一个人说话另一个人就要接茬儿，不可能对着听筒沉默不语。

回电话还有另一个风险，如果我们不怎么讨论莉兹怎么办？我会反应过来，比起她，我居然对其他事情更感兴趣，比如谁的儿子打篮球受伤了，或是孩子们的聊天记录里有一连串令人不安的黄色话题。如果我某一瞬间突然忘了莉兹怎么办？如果我突然关心起别人厨房重新装修的事情，或是要买哪个型号的苹果手机（iPhone）怎么办？那我就会像是公交车上的乘客，思绪漫无目的地飘，我的悲伤太过无力，几周后就会忘光了。

第三点在于，莉兹从 2009 年起就断断续续发病，大家都已经料想到这个结果了。这些人已经从悲伤中恢复了过来，聊天时总会用"话说回来"之类的词。我讨厌"话说回来"，因为紧跟着的必然是"无论如何"。"那些可怜的孩子"更让我毛骨悚然，因为"那些"这个词已经将"可怜的孩子"推得远远的了。还有"去你的癌症"这句话，我可去你的吧，这种勇气太虚伪了，这句话被创造出来就是为了正好放进文字框，上传到 Instagram 上。真正患癌的人根本不会说这句话，除非是在跟健康的人逞强。

毫无疑问，既有的语言无法形容我痛失挚爱友人的悲苦，我试过一些新的说法。有段时间我总说莉兹被抢走了，或者说她被人拐走了。但渐渐地，犯罪词汇的力量也被磨灭，于是我开始使用宗教性的语言。"这是一种罪孽，这里是地狱"；深不见底的海洋"波涛汹涌，浩瀚无垠"，我独自飘零，无依无靠；走不出的迷宫，翻不过的高山，季节轮转，灾难降临。但无论我将这些词汇如何排列组合，都无法描绘我内心的感受。绝望是难以言喻的。去问问舞者和运动员们，去问问画家和音乐家们，去问问每一个沉默的人，他们一定会告诉你，妄图用语言去形容情感是非常可笑的。[1]

---

[1] 著名指挥家列奥波德·斯托科夫斯基（Leopold Stokowski）曾说过：画家在油布上作画，而音乐家在静默中绘制宏图。我们将音乐献给你们，你们将沉默奉还。指音乐家不是通过可见的事物表达自己的情感，这种情感只能被感受，无法被看见。而观众在沉默中细细品味，就是对音乐家最好的褒奖。

莉兹去世之前的那个夏天,我们两家一起去了蒙大拿州的大天空市旅行。那一周我们一起登山,玩激流勇进,坐在长桌边吃晚餐。她像平时一样负责照看孩子们,看他们开不开心,有没有危险,是不是会生病。她对自己的三个孩子了如指掌,对她来说,他们的肢体语言就像天气预报那样好懂。

最后一天晚饭前,男士们在阳台上喝着威士忌,聊着埃隆·马斯克[1],而我和莉兹出去散步,她告诉我她一直在做一个梦,梦里她看到妈妈们去世后的情形。

"所有不得不提前离开孩子的妈妈们,我们都在那里。"(那天晚上睡觉前,我跟爱德华重复了这句话:所有不得不提前离开孩子的妈妈们。这个说法太令人印象深刻了。)"那个地方很大,跟飞机库一样大。那里有一排排座位,地板是透明的,妈妈们可以看到下面的孩子们正在创造自己的未来。"作为家长,我们多么渴望知道孩子们会过得怎样啊。"那里只有一条准则:你随便看多久都可以,但只能出手干预一次。"

我点了点头,眼泪在眼眶里打转。

"所以我坐了下来,看着他们。我看着他们去泳池,跟安迪一起游泳,在浴巾上打盹儿。我看着他们在攀爬架上玩耍,溜小羊排,看雷蒙·斯尼奇[2]的书。我看见马戈走错了路,看

---

[1] Elon Musk,特斯拉和美国太空探索技术公司 SpaceX 的 CEO。

[2] Lemony Snicket,美国作家,代表作为系列儿童读物《波特莱尔大冒险》。

见她忘了做作业。我看见德鲁无视他的教练。我看见格温妮在日记上记录自己的心情。每次我想行使干预权去提醒他们什么事情，或者只是想抱抱他们的时候，另一个更有经验的妈妈就会拦住我说：'现在别去。他能搞定的。她没问题的。'这种情况一遍遍地出现，结果到最后，"她微笑着，眼睛已经湿润了，"我完全不需要使用我的干预权了。"

她曾经希望在自己短暂的一生中，能给孩子们提供所有他们需要的东西，来帮助他们顺利地度过青春期、青年期乃至成年后的一切难关。

她停下来休息了一会儿，接着说："我是说，他们会头疼、会后悔、会打架，还会骨折，他们犯了无数个错误，但他们并不需要我帮忙。我不用多说些什么，也不需要阻止他们。我一句话也没说过。"她挽起我的胳膊，我们接着往回走，肩并肩、手牵手，脚下的碎石咯吱作响。房门没有关，屋子里传来孩子们吵闹的声音。

每周都有一天，我会摘下所有首饰，穿上大号的蓝色聚酯志愿者外套，将名牌别在翻领上，驱车 5.3 英里，穿过皮埃蒙特，沿着 52 号大街，来到当地的儿童医院。停好车，乘坐电梯来到三楼，脚步匆匆地走进新生儿重症监护室（NICU）。我站在金属水槽边，将手和胳膊彻底清洗消毒。我需要足足搓上一分钟，享受肥皂的香气，还有刷子刷过指甲的声音。擦干双手，穿上白大褂，走进育儿室，仔细地倾听有没有哪个婴儿正在忍受痛苦。

有的时候，三个房间都很安静。这里睡着四十多个婴儿，有的刚做完心脏手术，有的分娩时受了伤，正在恢复，有的肺部发育不良，还在努力生长。有些早产儿的个头儿比他们的输液袋还要小，他们被放在透明的塑料保温箱中隔离开来。其中几个已经在保温箱里待了好几个月了。

我做志愿者的这一年多里，每次进入育儿室不久，就会有个护士对我招招手，让我照看一个婴儿。

刚开始的时候，我很担心这是否会让妈妈们不开心，也许有些妈妈不太希望她们脆弱的小天使躺在一个不知姓名的女性的怀抱里？但是她们还挺愿意的，没有一个人抗议。有的婴儿需要在NICU待上好几周甚至好几个月，很少有妈妈可以整天在医院陪伴他们，无论是经济上、后勤保障上还是精神上，都很难支撑。为了支付治疗费用、买健康保险，绝大多数妈妈都得回去工作。很多人还有其他小孩需要照顾，需要给他们做饭、送他们上学。还有的家庭住得太远，只能隔一天来一次。有些妈妈自己还是个孩子，在上高中或是社区大学。还有个别妈妈是瘾君子，抛弃了她们的孩子。但就算是这些妈妈，或者说尤其是这些妈妈，更加希望有人能抱抱她们的孩子。

尽管我很好奇孩子们到底受了什么伤、现在身体情况如何，但隐私保护法规定，志愿者不得查阅患者的个人信息和医疗状况。何况了解这些并没有用，对我服务的孩子们没什么帮助。大多数时候，他们怎么受的伤并不重要，重要的是他们受伤了，需要照顾。

一个叫贝蒂的资深员工培训了我几个星期。

贝蒂是一个小个子女人，灰白色的卷发，蓝色的眼睛。三十五年来，她一直在教授新晋爸妈怎么去抱孩子，怎么给孩子按摩、包裹、护理和擦洗。她对肢体语言特别敏感，懂得沉默的重要性，知道沉默可以给人莫大的安慰。她不会把日常工作当成项目去赶工，也不需要汇报进度。她要做的只是去安顿、抚慰婴儿。NICU 里的成就是最不易被察觉的。

我像贝蒂教我的那样抱着婴儿，注意着他们细微的一举一动——轻轻一皱眉，微微抽搐，都打在我的心上（仿佛那里还有一丝柔软）。我凝视着他们毛发的旋涡，头上、面颊、胳膊上，像是在上等绸缎上绘制的《星空》[1]。我仔细地看着他们的手指、关节和指甲，研究他们的发际线——有的很光滑，有的像狗啃的，有的很低，有的四四方方，像是用尺子画出来的。我很好奇他们薄薄的嘴唇之后会不会丰满起来，像克莱尔一样；好奇他们乌黑的头发长大后会不会变成金色而震惊众人。在确定自己不会惊醒他们的时候，我会轻轻地拿掉他

---

[1] *The Starry Night*，凡·高名作。

们耳朵上的皮屑。

光线很暗。护士们说话很轻。

监视器嘀嘀作响。孩子们在沉睡。他们每呼吸三次，我才敢深呼吸一次。

孩子们醒着的时候往往不会看我。他们会盯着一盏灯，或者远处的什么地方，或是身边的手机。但是上周，一个男孩看到了我的眼睛，于是便盯着不放。他患有脑积水，头肿得很大，太阳穴附近插着分流管。我们盯着彼此，对着眨眼睛，每一次闭眼的时间都长过上一次，直到他睡着。他黑色的睫毛并在一起，像是一簇捕蝇草。贝蒂在房间的另一边看见了这一切，冲我点了点头，眨了眨眼。接下来的一小时，他睡在我的怀里，听着我的心跳，感受着我的温暖和慈爱，远胜过他那张冰冷的婴儿床。所有人的皮肤都渴望被抚摸，从出生到死亡。

贝蒂低声告诉我："亲近而沉默，这就是他们所需要的。"

乔治娅曾经问我，接她放学回家的路上能不能不说那么多话。她看到我当然很高兴，但也没必要非表现出来不可吧。她已经说了一整天的话了，回答每个大人的每个问题，还得想方法应付愚蠢的男孩子们的嘲讽。到了下午三点四十五分，她只想看着车窗外，什么也不想说。

在陪伴婴儿们的日子里，我越来越擅长亲近而沉默，这在养育孩子们的时候是非常必要的。我不再要求那么多,不再冷眼旁观,不再批评自己的人生,而是更加投入于生活之中,安静而虔诚地过好每一天,走过每段路。原来两个人无须触碰也可以互相扶持,无须开口也可以互相鼓励,哪怕是一个想了解一切的妈妈和她筋疲力尽的女儿。

生活还在继续

Onward

要感恩，

要享受安静和进步的时刻，

要握紧彼此的手，

要接受彼此，

要爱。

亲爱的莉兹：

我正坐在厨房角落的椅子上给你写信，以前我们打电话的时候，我总坐在这里。自你去世到现在，已经过去一年半了。

我们刚从安迪和孩子们那儿回来。我们经常见面。去年大概见了五次。你去世后过了几天，爱德华坐飞机南下，然后打车去了你家，一进洗衣房的门，他就看见安迪和孩子们坐在厨房边的桌子旁，给节日卡片贴邮票、写地址。他们寄出去二百五十张贺卡。贺卡上说："知足常乐。"卡片的背景是小羊排。回家后，爱德华跟我说："你确定我们今年'没精力'寄送贺卡吗？"

六月你生日的时候，我们去你家过了一个漫长的周末。洛一家也来了。早上，我们吃了克林格面包①，晚饭吃的意大利面，配上你特制的酱料。直到所有人都落座，我们才开

---

① Kringle，一种酥皮面包圈。

动。安迪和孩子们手拉着手做餐前祷告:"感谢您赐予我们食物,感谢您让我们相遇,彼此深爱。"他们念得很快,仿佛这句话毫无意义,但这是你用餐前一定会说的祷词,他们知道,也懂,我们也一样。我们听了你手机里的歌单(安迪一直随身带着你的手机)。阿拉巴马摇滚乐队①的歌、《棉眼乔》②,还有比莉·荷莉戴③的歌。我们讲着关于你的故事,比如你在卫生间眼睛眨都没眨一下就捏死了一只蜘蛛,还有你在独木舟里看到过一条蛇,德鲁很喜欢这些故事。我们坐在外面的长桌边,互相赠送礼物,这些小礼物都是你喜欢的——有趣的袜子、闪闪发光的塑料钱包、日记本。我们享受着当下。每个礼物都会被传阅一遍。我们尽情地感受着我们之间的羁绊,我们感恩的心,还有你。我们决定把这个日子作为惯例,每年都聚一聚。

第二天,我看到安迪和孩子们一起在厨房做甜菜汁。他拿出你那个巨大的金属榨汁机,就是他嫌弃特别不好用的那个。女孩们把紫甜菜、生姜和黄瓜放进榨汁机,搅拌后,德鲁把果浆倒进杯子里,然后他们碰了碰杯。那些杯子是你留在水槽边的架子上的,杯子上画着彩色的自行车。安迪看见

---

① Alabama Shakes,美国蓝调摇滚乐队,代表作有《坚持》(Hold on)等。
② Cotton Eyed Joe,一首著名的美国乡村音乐。
③ Billie Holiday,美国歌手,爵士乐天后,代表作有《奇异的果实》(Strange Fruit)等。

我在厨房门口傻笑，说道："是啦是啦，我知道你想说啥。"莉兹，他们一饮而尽。甜菜汁沾在唇上，像一圈小胡子。

那天下午，我们去看格温妮打垒球。她脱下头盔，银白色的头发瀑布般倾泻而下，简直跟你一模一样，我的心颤抖了一下。她和马戈还是形影不离，一起读书，一起睡觉。

一个月后，几个孩子去圣地亚哥参加凯瑟姆营。他们很喜欢那里。他们在营地的绰号分别是 MM 豆（M&M）、奇巧（Kit Kat）和滴答糖（Tic Tac）[1]。今年夏天的活动他们也已经报名了。我相信今后每年他们都会去的，等上了大学，他们就会成为那儿的辅导员，成为最棒的、最富同理心的辅导员。

我们的感恩节传统还在继续。这次，你们一家来我们这边过节。安迪带来了去年我们和你一起做的那串感恩旗帜。他将旗帜保存在硬壳信封里，这样就不会被折坏了。我帮他将旗帜挂在餐厅。孩子们再次看到了这串旗帜，特别开心。他们嘲笑那潦草的字迹，还有一个孩子把 thankful（感恩）写成了 thanful，但 scientists fighting cancer（对抗癌症的科学家）居然拼对了。看见你的字迹，我的心抽搐了一下，仿佛你还在我们身边。我们感谢了很多人、很多事情，向这一年遇到的好人们举杯致敬。

晚饭后，格温妮的肚子有点儿疼。我把她带到房间，我

---

[1] 三者均为糖果或巧克力类零食品牌。

们挤在一把椅子里。今天我们一大群人一起待了一天。我问她,听到别的小孩聊起妈妈是不是很难受,"妈妈说我们可以吃两份甜点""我得问问我妈""妈,晚饭后我们看《海底总动员》可以吗?"之类的。格温妮点了点头,我们哭成一团。半小时后,她吐了。是我搞错了时机,她已经病了,我还让她难过。真是抱歉。

吃早餐的时候,爱德华对孩子们发表了长篇大论,说煎培根必须用生铁锅。我翻了个白眼,安迪打趣道:"拥抱差异,接受不同。"那天晚些时候,爱德华冲我发了火,因为我迟迟定不下来下午的计划,改了好多次,安迪用手撑着厨房的吧台让自己冷静下来,然后说:"说真的,朋友们啊,拥抱差异,接受不同。"他没有粉饰我们的婚姻,他看见了我们的冲突。他说正是因为争执,婚姻才是"你们两个人的"婚姻。现在他完全可以随心所欲,一切都照自己的方式来,但有一半的时候他会选择用你的方式来解决问题。

最近,我们都在你蒙大拿州的家。安迪坚持让我和爱德华睡主卧,他则和德鲁一起睡在小隔间,女孩们睡楼下的双层床。一切都安好。

德鲁,这个十岁的大男孩,穿衣显瘦,脱衣有肉,精力充沛。我们一起玩了快艇骰子[1],他输了,但还是很开心,也

---

[1] Yahtzee,扔骰子计分的游戏,由米尔顿·布拉德利(Milton Bradley)发明,分高者获胜。

许是因为他长大了,也许是因为他遗传了你的性格。他滑起雪来还是那么疯,总能第一个冲到雪道终点,现在他已经会拐弯了,看起来熟练多了。莉兹,每次我看着他的时候,总感觉他就是你,我发誓他也明白。他知道我在看你,也很喜欢这种感觉。他会和我对视,让我沉浸于他的目光之中。他的皮肤、他的眼睛、他由内而外散发的光芒,都是你的样子。

马戈在新学校过得很好,明年她就上九年级了。她现在越来越忙,要打排球,要参加派对,还要去沙滩晒太阳。今年她还开始打长曲棍球了。我们给她寄了几件网面运动背心。她还是很爱走神儿,发着呆露出满足的表情,常常把我逗笑。她一点儿都没变,失去你后,她并没有迷失自己。如果你知道,一定会特别开心吧。

格温妮要小学毕业了,明年将要升上太平洋峻岭中学(Pacific Ridge),和马戈在同一所学校念书。她正在计划十二岁生日该怎么过,琢磨着要去图书馆逛一逛。听起来很棒,对吧?今年冬天去滑雪的时候,我、格温妮和马戈三个人坐在缆车上聊天。她们很聪明,也很有深度。格温妮戴着你的紫色头盔。我说她们穿你的衣服一定很好看,她们笑了。我说:"你们很幸运,你们的妈妈穿衣很有品位。我的女儿们是绝对不会碰我的卡其色弹力裤的。"她们放声大笑。而我有一点后悔,我不该说"你们很幸运"。

那天下午从滑雪场回家后,格温妮在我怀里窝了很久。

我穿着秋裤躺在你的沙发上，对着你家的壁炉，爱德华生了火，安迪帮忙把火吹旺。我冲格温妮伸出手，她走过来，坐到我怀里，我替你抱住了她，只要她愿意，我可以抱到天荒地老。我们至少相依偎了两首歌的时间。然后马戈说该去做布朗尼蛋糕了，于是格温妮也一起过去了。这个拥抱很美好。

离开的那天早上，我替马戈编了蝎子辫，安迪在一旁看着。他说他试着学过，但女孩们自己编得更好。德鲁说我们忘了玩开心家庭①，我们说下次一定。我们相互拥抱，每个人都说了"我爱你"，现在我们经常说这句话。

安迪考虑了很久要如何度过十二月十二日，你的一周年忌日。他决定用照片讲你的故事，并定为一年一度的传统。他邀请了你姐姐、你爸妈、我、杰西卡，还有珍，让我们每人挑一张你的照片，还要就那张照片写一段话。他让我们写得具体一点。他买来了四本很耐用的活页相册，他和孩子们每人一本，无论以后他们去哪里，都可以随时把相册带在身边。我在我的照片故事里说你非常热爱运动，因为我记得你曾说过，你非常害怕孩子们只能想起你孱弱的样子，害怕他们以为你只是一个裹着毛毯窝在沙发上的虚弱女人。我告诉他们，你是我认识的所有人中运动神经最发达的那个。

---

① Happy Family，英国传统的卡牌游戏，每张卡片上绘制一个角色，凑齐一家四口则获胜。

这些相册每年都会更厚一点。我们六个人今后每年都会分享一张照片,讲一个小故事,而你的家人就会以这种方式纪念你的忌日。孩子们太小了,而且世上有太多的事情吸引他们的注意力,安迪担心他们可能会忘记你,所以希望用这种方式让他们了解你的一点一滴。长大后,他们会更理解你作为一个成年人复杂的那一面,安迪希望孩子们能越来越了解你。一个月后我又去了你家,这次只待了一晚。相册被安迪摆在架子上。他递给我一本,我们一张张地仔细看着。"相册做得挺好的。"他说,"我们,很开心。"他们确实很开心,那天很开心,在那之后的无数个日子里,也过得很开心。

我知道你的孩子们彻底失去妈妈了,我知道你永远也不会再回来,但孩子们的心紧紧地连在一起。安迪没有压抑他们的情感,放任他们感受痛苦。他们深爱着别人,也被别人深爱着,像我们总说的那样,这就足够了。

你病重的时候,我们聊过很多关于你去世后的话题。安迪会变成什么样?你很担心他会躲在办公室酗酒消愁,或是冲孩子们发火。但他没有,莉兹。他在看刘易斯[①]的书,去见心理咨询师做哀伤辅导,每周游三次泳。他请假休息了一段

[①] C. S. Lewis,英国作家,代表作包括《纳尼亚传奇》七部曲、《四种爱》、《痛苦的奥秘》等。

时间，学习烹饪，听曼哈顿乐队①的歌来放松。（他说他再也不会喝到烂醉了，因为现在他父兼母职。）每周二，安迪会和珍去散步，走以前你们一起走过的那条路。他们会交流养女儿的心得，珍让他在每个卫生间都放了卫生棉条和卫生巾。

最近安迪带孩子们来我家玩，他对爱德华说，妈妈总是更加了解孩子。爱德华不服，说他跟乔治娅和克莱尔的关系都很亲近。安迪说："我知道，我只是说，你不可能像凯莉那样了解她们的每一分每一毫。"他说，以前和你吵架，有一半都是因为他觉得你太担心孩子们、想太多了。但是现在，他说："我完全懂了。"

安迪认识了一个名叫丹尼斯的朋友。丹尼斯的妻子四年前去世了。他们偶尔会一起喝咖啡。我觉得安迪可以通过他看见未来的自己。丹尼斯交了一个新女朋友，我相信他又找到了真爱。我常常提醒安迪，你非常希望他能再找一个，不要孤独终老。他知道的。但他无法想象另一个人睡在你的那半边床上。几个月后的一天，他走进卧室，看到格温妮躺在你那半边床上，在床头灯下看书。那晚他睡在了你那半边。他想通了。如果将来遇见另一个人，可以让她睡在他的那半边床上就好了。

---

① The Manhattans，美国R&B乐队，代表作有《吻别》(Kiss and Say Goodbye)等。

后来安迪遇见了你过世后第一个让他心动的女人，他说这种悸动让他变回了少年，但他说那只是一时的心动，而且他还没准备好开始一段新的感情。能和现在的安迪·拉茨在一起的女人该有多幸运啊。失去你之后，他越发成熟了，他一个人过着你们两个人的日子，他以后的妻子会像是嫁给了你们两个人。他知道你给了我和珍还有杰西卡一票否决权。他告诉我，你给他未来的妻子留了一封信。

某天下午，安迪试着摘掉了婚戒，但他感觉很不好，于是又重新戴上了。有时候，陌生人会问他妻子在哪儿，这让他很不舒服，但他已经学会如何巧妙地避免这个问题了。他会直接说"我是个单亲爸爸"，大家就不会再多问什么。但他跟我说过，他觉得自己还是已婚的状态，你们之间的情感快把他逼疯了，他觉得自己必须保持忠诚，必须展示自己更好的一面。

他经常哭，经常眼睛一红，眼里泛泪，然后就哭出来了，但他说话的声线依旧平稳。他想哭的时候不会看向别的地方，不会道歉，也不会清嗓子。他不会刻意抑制，这样很好。你就在那里，在他唇上，在他喉尖，一直都在。

每天晚上孩子们睡下之后，安迪都会在厨房的白板上写下第二天的计划。他替每一天取了个花名，口渴星期四、发疯星期五、沉闷星期六什么的。他会画出日常行程，再加上几个特别的活动提醒。他还会画小插画，比如如果格温妮有比赛，就画个足球；如果有人过生日，就画一个杯子蛋糕。

他做了很多煎饼。你去世后一年左右，他发现家里的面粉生了虫。他本来不想扔，因为那袋面粉是你买的，是你打开了它，又扎上口，是你用过的面粉。他不得不说服自己，那袋面粉并不代表你，你的一切刻在行为里，而不是某个具体的东西中。所以他收拾了发酵粉、香料，还有那袋面粉，扔进了外面的垃圾桶。他把所有东西都换成了新的。而每次他想你的时候，就会和孩子们一起烘焙。

第一个没有你的生日，安迪情绪非常低落。五十岁生日那天，珍叫了辆优步（Uber），他俩一起出去喝得烂醉。那个周末，他带着孩子们在家烧烤。客厅里还摆了很多放大了的你的照片，是从你的追悼会上带回来的。他很担心屋子看起来像是昨天才办过葬礼，于是收起来一些，算是向前迈出了一步。

安迪还有一大堆事情要去做，但现在还没有动手。他还没整理你的衣柜。你的裙子，你的鞋子，你的袜子，还有老旧的健身服；你的乳液、香水和护发用品，都没有动过。上次去你家的时候，我走进你的卫生间，抚摸了那些属于你的东西。衣架上还挂着你的连帽衫，就那么平平常常地挂在那里，仿佛早上才被你穿过。安迪知道他得去整理。我们聊过这件事情。我告诉他我可以帮他。他向我道了谢，说暂时并不想动。那天我们和珍一起出去散步的时候，他把你的一双旧运动鞋借给了我，花花绿绿的那双。其实我穿那双鞋小了半码。散步回来后，我本希望能够把它带回家保存，但安迪坚持要我放回原处。

你的骨灰还存放在盒子里，但他已经开始考虑要撒在哪里了。他可能会把一部分骨灰撒在海里，然后带着剩下的骨灰飞去佛蒙特州，你们曾约定要在那里白头到老。你没具体说过希望他们怎么处理你的骨灰，他有点生气。因为他不希望自己处理的方式你不喜欢。但后来他想通了，你不告诉他，是希望他不要麻烦，撒在他和孩子们喜欢去的地方就好。

他一直被悔恨纠缠着。在你最后的那几周里，他没想过你离死亡那么近。而你是知道的，你说过"自己的身体自己心里有数"。你去世那天，格温妮有场足球赛，他带她去参加了。有段时间他不敢回想这件事，尽管他那天已经在家陪了你很久。我告诉他，你去世的时候，知道他是深爱着你的，但他还是无法原谅自己。

但我们忘记了一件事情，我和你，我们都忘了。一直以来，我们总在担心安迪是否能又当爹又当妈，是否能忍受孤独、忍受挫折，是否能忍受千万个小错误。但我们忘了，他可是个学霸，骨子里就很好学，而且目标坚定。现在他在学习如何成为你。他是你的徒弟。他一遍又一遍地读你的日记，将其作为自己的导航图。

在追悼会上听到他的悼词时，我本就应该明白的。莉兹，他的悼词真的真的太棒了。大概有七百人参加了你的追悼会，你的每个朋友、每个老师都到场了，连多年前曾照顾过你的年迈的保姆都来了。安迪花了二十分钟讲述你们的爱情故事。你一定希望他不要耽误大家的时间，但我告诉他没关系，他可以讲出每个细节。在场的每一个人都会愿意仔仔细细地听上几小时，我们想听加长版的。他提起了你的眼睛，还有你"超模般的颧骨"。他说他想念和你一起思考问题的场景，想念你做决定时的样子。他喜欢你的是非观，你的高标准，还有你一心扑在家庭上，为德鲁、格温妮和马戈营造了一个温馨而舒适的家。结尾的时候，他试图向我们说明，人都是如何忘记痛苦、扬帆向前的。这是我听过的最好的一个关于悲伤的故事。

大家都在问我们最近还好吗？几百年来，诗人们一直在试图描述爱情、失去和死亡，以及这些事情是如何改变我们的生活的。所以我希望大家可以降低对我的悼词的期望值，因为我很难形容我们最近好不好。现在，你们的期望值够低了吗？很好，那我开始说了。

你们还记得阿波罗13号吗？我的父亲是一位工程师，曾负责阿波罗项目的导航系统，包括这个13号。作为他的儿子，我对这个故事也比较关注。故事是这样的：

阿波罗13号的任务是探索月球上的一片区域。飞船在抵达月球之前，发生了一次爆炸，部分系统瘫痪了。我记得好像是一个氧气罐爆炸了，受损的飞船没有足够的氧气，也没有动力完成任务。因此，降落月球的任务被迫放弃，宇航员们和地面指挥中心不得不努力想出另一个计划。

因为故障，飞船没有足够的动力正常掉头，剩余的氧气也不足以让他们悠闲地返程。他们需要想出一个办法，让飞船迅速掉头返回，过程中所需的动力越少越好。

最后他们决定利用月球引力，将飞船推回地球。如果飞船能够精准地进入月球卫星轨道，绕至月球背面，然后在准确的时间飞离轨道，就能改变自己的路径，更重要的是，这样做可以节省不少动力[1]，从而保证飞船顺利返回地球。在此过程中，还需要保证飞船结构稳定，不会解体，这样才能保证宇航员们的安全。

通常，在执行任务的过程中，阿波罗号飞船会与指挥中心保持联系。但在本次任务中，为了让这个计划顺利进行，当飞船绕行至月球背后时，将断开与指挥中心的联系。也就是说，宇航员们会失踪一段时间，如果计划顺利的话，他们将再次出现。

---

[1] 进入卫星轨道后，飞船可以依靠惯性和引力绕月飞行，不需要动力。

飞船进入卫星轨道时的速度至关重要：太快或者太慢都会耗尽能量。飞船的角度也同样重要：哪怕是偏离一个很小的角度，飞离月球的轨迹都会出错。离月球太近的话，飞船可能会坠毁；相反，如果太远的话，月球的引力不够，拉不住飞船，飞船就会飘进太空。机组和指挥中心面临着一场巨大的灾难。不过，在这样的情况下，他们还是成功了。

那么，我说这个故事是想表达什么呢？

我和孩子们就是故事里的宇航员。我们在受损的飞船上，面临着非常不确定的未来，我们必须搞清楚接下来该做什么。莉兹扮演着两个角色。首先，她是月球。作为月球，她提供了我们返回地球的力量。我们需要她的力量，因为仅靠我们自己是不够的。她的引力拉住了我们，也给了我们推力。现在，我们被困在她的卫星轨道中，保持速度，改变方向，在出口拼尽我们有限的动力，在自己的路线上继续前进。她的存在很有分量，让我们加速赶路回家，这是上帝的物理定律。

我们不能和她待在一起，不能着陆，不能钻进她的怀抱。我们必须接受任务已经被迫放弃的事实，接受我们无法再在一起实现事先制订的探索、发现、挑战、学习的计划。这种失落感固然让我们深受打击，但我们必须迅速调整，专注于未来。失落和希望，这两种感觉同时袭向我们。

而你们都是地面指挥中心。作为指挥中心,你们保持和我们通信,接收仪器传回的数据,仔细计算,指导我们安全返航。你们跟我们不在同一艘飞船上。你们不知道我们在浩瀚的太空中忍受了怎样的孤独。但如果没有你们联络,我们就会迷失方向。和宇航员一样,能够联系到你们让我们非常安心,即使在寒冷的太空中无依无靠,我们也坚信你们一直在密切追踪着我们的轨迹。我们离家20万英里,但每分每秒都在努力,都正离家更近。我们是一个团队,灾难没有摧毁我们,反而激励了我们,鼓舞了我们,磨砺了我们。我们犯了错,但立马想辙解决突发的问题,我们从未失去希望。

在我不太恰当的比喻里,莉兹扮演了两个角色。那另一个角色是什么呢?她是我们的肯尼迪[1]。作为肯尼迪,她推动了整个阿波罗计划的进程。她计划了方方面面,只为成功。她聘请了最优秀最聪明的地面指挥官,选择了一位船长(我想补充一句:是经过了极其严格的筛选),并配了三名强壮、足智多谋、勤奋、思维敏捷、抗压能力强、英俊美丽的宇航员。她训练了我们,教我们

---

[1] John Fitzgerald Kennedy,JFK,美国第三十五任总统,于1962年9月12日在赖斯大学发表演讲《我们选择登月》,被视为阿波罗登月计划的奠基。

要专心，要嘴巴甜一些，要懂得倾听，要投入，要独立思考，要学会交流，面对灾难要"活下来""凯旋"，要思考人生的意义，要提出有见地的问题，要忍受寻找答案时的挣扎，要对自己立下高标准，要感恩，要享受安静和进步的时刻，要握紧彼此的手，要接受彼此，要爱。

  这就是我们现在的状况。莉兹已经做了很多，让我、马戈、格温妮和德鲁能走好余下的路。我们的"氧气罐"爆炸后，她帮助我们调整了航向，引领我们以适当的速度走上了正确的轨道，用她的引力拉住了我们，帮我们转身，返航回家。我们现在的确感到无依无靠，但我们接受过良好的训练，而且与你们的联络让我们感受到无比的安心。是莉兹挑选了你们，让你们"走进我们的生活"，有与你们的联系在，我们终将安全返航，回到地球。

  他和孩子们都在继续前进，但他们没有离开你，而是和你一起向前，就像我和绿丸一样。无论他们身处何方，你永远与他们同在。而我对你的爱在他们身上得以延续。

凯莉

正是如此

This Is It

我们会看着他们（孩子们）

步入人生的下一个阶段——

从蹒跚学步的婴儿到狗也嫌的捣蛋鬼，

从少年长成青年——

最后，我们会在某个时间撒手，

成为他们永远的想念。

大学毕业后,我的目标是成为一个更有趣的灵魂。那时候我很喜欢玛丽·奥利弗①的诗,很喜欢"无畏"这个词,很喜欢我的座右铭:踏出家门,你会遇到很多事情。家代表着我们熟悉的一切,而我选择了冒险。我攒了两年钱,为了节省房租,我睡在表姐家的沙发上。终于,我把自己的所有财产装进腰包:我的所有积蓄(一张 3800 美元的旅行支票),我的《孤独星球》②旅行指南,我爸一个朋友的电话号码,我妈还让我带了些抗生素。然后,我和特蕾西·塔特尔一起出发,去看外面的大千世界。

在香港、泰国和墨尔本大手大脚玩了两个月后,我们坐上了前往悉尼的巴士。在车上我们数了数剩下的钱,觉得需

---

① Mary Oliver,美国诗人。
② *Lonely Planet*,第一个针对背包客的旅行指南系列丛书,深受低消费旅行者喜爱。

要找份工作才行。我们当了保姆（这是我们的第一选择）。特蕾西照顾一个六口之家，我则照顾两个刚刚失去妈妈的孩子。有什么东西改变了。这种变化不是瞬间产生的，但离开那家人之后，我发现自己对环游世界的背包客和他们惊心动魄的故事没那么大兴趣了，相比之下，我开始更欣赏另一群人，开始觉得他们投身的那项事业是非常重要的事情，那就是：为人父母。

步入三十岁之后，我想要的生活就是我现在的生活，孩子们都很健康，有一个明理的老公和我一起抚养她们。我认识的最酷的人做过的最酷的事情，就是他们拥有理想的家庭，有自家人才听得懂的笑话和昵称，还养了一只奇怪的宠物，提供了够让他们说到八十多岁的谈资。

那便是我一直在找寻的港湾。但是我穿着双排扣爵士帮[1]权力套装[2]在生活的汪洋中上下浮沉，都快淹死了也没能靠岸。也许是因为我始终没减掉"新生肥"[3]，也许我戒不掉超醇荣誉香烟，也许因为我满嘴脏话，总之我花了很久才遇见我的白马王子，和他一起组建了家庭。

---

[1] Dress Barn，美国女装巨头阿森纳旗下品牌，2019年业务逐渐关闭。
[2] power suit，一种西服的款式，线条硬朗，最明显的特点是垫肩很大。
[3] Freshman Fifteen，直译为"大一15磅"，指大学生刚离家上学，快餐吃得多，运动少，大一一年往往会增重15磅左右。

然而现在，我才做了十六年妈妈，已经想回到过去了……回到那个女儿们身上的刺青还只是文身贴的时候，回到那个卧室门永远敞开的时候，回到那个我能时刻掌握女儿们动态的时候，回到我可以轻易抱起她们而不会扭伤腰的时候。

别误会，我也很珍惜当下。每次我在旅途中打电话回家，听到爱德华和女儿们的声音时都特别开心，感觉自己今后绝不可能生他们的气。同样，当我看见女儿们的睡颜，或是在机场看见别人拥抱，或是失去了某个亲人朋友的时候，也都会这么想。在为莉兹写悼词的那个星期，我曾发誓以后就算爱德华大吼德雷蒙德·格林[①]怎么又技术犯规了，我也决不会再催他，女儿们怒气冲冲地转身离开的时候，我也决不会再在她们背后竖中指。

然而，当我周旋于厨房、书桌和接送孩子上学之间的时候，很难如此理智。不会真的有人看见发霉的毛巾和脏兮兮的钉子鞋被到处乱扔还高兴得起来吧，更别提女儿们刺耳的吵架声。而她们俩互不理睬就更为可怕，只剩下大拇指无声地按着智能手机，收音机里飘来蕾哈娜[②]的呜咽。遑论那些我们对翻的白眼、夫妻之间的争执，还有那些激烈的思想斗

[①] 爱德华最喜欢的篮球运动员，详见前注。
[②] Rihanna，在美国发展的歌手，代表作有《钻石》(*Diamonds*)、《我们找到了爱》(*We Found Love*)、《你去哪了》(*Where Have You Been*)等。

争,我到底什么时候应该插手她们的生活?什么时候该任凭她们失败?什么时候任由她们吵架?任他们去我不喜欢的孩子家玩?

这是一项孤独的事业,有时甚至会让人产生幽闭恐惧症,但正是如此。这就是我想要的,也是命运尖叫着、推搡着从莉兹手上夺走的。在这名为"家庭生活"的抽象艺术中,我们都在即兴表演。我们可能会成为某个人的超人,给他们所需的一切,足以让他们过得开心。我们可能会有一些疏忽,会不再事无巨细地了解他们的一举一动,会抱怨,也会犯错,然后道歉,然后我们会再次尝试。我们会看着他们步入人生的下一个阶段——从蹒跚学步的婴儿到狗也嫌的捣蛋鬼,从少年长成青年——最后,我们会在某个时间撒手,成为他们永远的想念。

这就是正在发生的一切,不论我们是否心甘情愿。

就像是你精心准备了一顿营养餐,但没人爱吃;家人互相指责,说谁谁忘了扔垃圾;你家暴脾气的"年轻人"终于去冲澡了,她两天前就该洗的,身上油腻腻得像个流浪汉;你的夜晚就这么被毁了,一丁点儿也不像你多年前期望的那样。但,你听见了一个声音。

你走上楼,在浴室门口徘徊。

"所有单身女士,所有单身女士……"①

你的孩子在边洗澡边哼歌。你那个平凡的孩子在洗澡的时候哼歌,而你走了过来,认真倾听。

---

① "All the single ladies, all the single ladies…" 碧昂丝《单身女郎》(*Single Ladies*)中的歌词。

后 记

Author's Note

最近我和爱德华带着女儿们自驾游，从奥克兰玩到了洛杉矶。在回家的路上，我们争论昨晚到底是谁点的香肠比萨。每个人的记忆都不太一样，都觉得自己的记忆是最准确、最完整的。

我在这本书里讲了很多故事，其中一些和其他人有关：我的丈夫、我的母亲、我的哥哥们、我的女儿们、我高中时期最好的朋友，还有我在维拉诺瓦比萨店打工时的店长。没人知道他们会如何去描述同样的故事。

我只能保证，就我所知，我没有把事情弄混。大部分故事是我直接从日记里摘录出来的。（当然，这依旧是我的一面之词，只是被及时记录下来了而已。）众所周知，现实是个任人打扮的小姑娘，总会带着某个人的偏见，我们只能尽可能剥去她的伪装，将其真实地呈现出来。

致 谢

Acknowledgements

我需要帮助

如果你读过这本书的前六版草稿，一定会觉得这本书烂透了。所以我们都应该感谢阿里尔·特罗斯特、萨拉·汉德尔斯曼、菲比·利克蒂和苏珊·乔治，感谢她们点开了我那封名为"我需要帮助"的邮件。这几位女士都有自己的工作，有自己的爱好，有家庭需要照顾，但依旧帮我读了好几版草稿，并对我提出了灵魂的质问。珍·德·拉·富恩特直言不讳。（她在给我的反馈前加了一句："我真的很喜欢你，也不想破坏我们的友谊，但是……"）梅丽莎·威廉姆斯告诉我，她希望我讲得更幽默一些，但那天稍晚，她又给我发了条非常暖心的短信："关于幽默，我知道这几年你过得很艰难，所以不需要觉得你欠我们一份幽默。"安迪·西恩从六年级的时候起就一直不停地鼓励我，他对我说："你知道这本书很特别吧。"还有作家苏珊娜·梅多斯和金柏莉·福特·奇泽姆，她们陪我一起一页页修改、润稿、校对。

一年后，我把稿子拿给两位资深人士过目，一位是威廉莫里斯奋进娱乐公司[1]的苏珊娜·格卢克，另一位是兰登书屋[2]的安迪·沃德。苏珊娜只是看到我把一些相关的内容整合到一起，就说："恭喜，我们又有新书了！"苏珊娜的事业很成功，她比我聪明十倍，所以当她说"我超开心能和你同舟共济"的时候，我觉得我的书一定能成功出版。苏珊娜用一个巧妙的方法，帮我骗到了一次修改封面的机会。格卢克，你果然是班上最棒的学生，每个人都这么说，可不是在开玩笑。还有安迪，安迪教了我如何"更敏锐""更深入"，还有"如果不知道写什么，就讲个故事"，还教了我更多的技巧。安迪"讨厌头韵[3]"，他告诉我"可以更幽默一点，兄弟"，删掉了一半我自己超级喜欢的句子（可能那些句子是有点过激了），还说"我的工作就是剔除糟粕"。安迪对这份差事很认真，但也不至于为此拼了老命。安迪不会阴阳怪气地嘲讽我。合作二十一个月后，安

---

[1] William Morris Endeavor，老牌经纪公司。

[2] Random House，德国媒体集团贝塔斯曼旗下的一家出版社，本书英文原版由兰登书屋出版。

[3] 英语语音修饰手段之一，指一句话中两个或两个以上的单词首字母发音相同，如 Cool Curt could cook cookies。

迪终于对我说"我爱这本书,你太厉害了"。

还有,兰登书屋勇敢善良的莎伦·普洛普森女士(Sharon Propson)。手稿送印之后,我们就开始合作,现在书就要出版了。亲爱的普洛普森女士,感谢你对我的支持。我们简直是天作之合。

最后,我要感谢帝国文学[①]的安蒂·巴兹维,她浑身闪耀着善良与智慧的光芒,引领我走上作家这条路。我们合作得很愉快,与她相遇是我的幸运。

谢谢你们

感谢我的妈妈。我妈妈很注重隐私,她对我写的东西的反馈通常是针对语法和拼写问题的,而且希望我最好不要在书中分享她的小故事。但本质上来说,她还是很有母爱的,每次路过书店,她都会走进店里,把我的书放在客流量大的地方,比如问询台或是收银台的欧托滋[②]附近。说一千道一万,妈妈,你才是我一切的起点。

感谢我的哥哥布克和乔治。他们并不希望自己妹妹是一

[①] Empire Literary,美国一家文学代理商,由安德莉亚·巴兹维在2013年创立。

[②] Altoids,薄荷糖品牌。

个飞来飞去到处讲自家小故事的作家。我知道，有些故事听起来挺棒的，但有些有点过了。感谢你们由着我的性子，有时甚至会在读者见面会上现身。你们的出现对我来说意义重大。作为你们的妹妹，我不得不承认一个有点可悲的事实：我一直都希望你们能为我骄傲。

感谢的我闺密特蕾西·塔特尔，她夫姓麦高恩。感谢我的两位睿智的男性朋友——威尔·卡巴特齐恩和拉比迈克尔·雷扎克。感谢可爱又勇敢的哈里特·海德曼。

感谢安迪·拉茨。每次聊到他我都会滔滔不绝。我知道你的生活比看上去更艰难。我知道你很累。但说真的，你很了不起。谢谢你在心里为莉兹保留了一个位置，她曾在那里，她是你的唯一。

感谢我的女儿们，乔治娅和克莱尔。你们是我最伟大的奇迹，是我生命的支柱。这么说吧：在我心里，没有人比你们更风趣更美丽。我开玩笑说"一天中最美好的瞬间"就是脱掉胸罩的时候，但其实，一天中我最幸福的时刻，是早晨第一眼看见走下楼的你们。

感谢爱德华·利克蒂。我喜欢叫他埃迪（但你们不许这么叫）。他总是宠着我，虽然在他面前我有时候很放纵，有时候又很蠢，但无论如何，他都会牵着我的手。你对我真诚以待，而且非常爱我，这足以让我们共度一生。这就是我最坚实的后盾。

珍·哈特梅克对凯莉·柯利根的采访

珍·哈特梅克[①]（Jen Hatmaker）：在聊这本书之前，你能说说你是如何成为一名作家的，还有你为什么这么有勇气有毅力，可以做到如此真诚、如此坦率的吗？

凯莉·柯利根（Kelly Corrigan）：也不算是有勇气吧。我觉得我天性就是这样的，可能也和我一直以来都觉得大部分事情都不重要有关系。换句话说，我不是那种脸皮很薄的人，而且我非常清楚现在全世界有八十亿人口呢，所以就算我告诉你我有多差劲，有多蠢、多自私、多讨厌，又有什么关系呢？就算我告诉你我家狗狗爱吃大便，尽管这听上去很

[①] 美国作家，代表作有《纽约时报》畅销书《混乱与勇气：在疯狂又荣光的生活中获得快乐》（*Of Mess and Moxie: Wrangling Delight Out of This Wild and Glorious Life*）等。

糟糕，但有什么关系呢？我因为这件事吼了孩子们，之后晚上可能还喝多了，毕竟我经常喝多，这也很糟糕，但又怎样呢？……在分享故事方面，有一件事情很重要，我相信你肯定也知道，那就是讲述其他人的故事时必须慎重。有故事是很了不起的，经历过的故事是一个人自己的。大部分有趣的事情都涉及很多人，你和你的配偶或者你和你的孩子，所以要把这些故事写出来的话，就得确保他们对你写的东西也很满意。

JH：有没有什么有趣的小故事是你很想讲给大家听的呢？

KC：我在《光芒与胶水》[①]中讲过一个我去商店偷东西的故事。

JH：是在希尔斯百货那个吧？我喜欢那个故事。

KC：那里东西特别多，珠宝啦、糖果啦、手套啦，顺手牵羊好几小时也不会把东西拿光。然后我看到了连裤袜，是我妈常穿的那个牌子。她的生日快到了，我就想，我得给她弄十条连裤袜。每次裤袜拉丝，她都很生气，然后会在破洞的地方滴几滴指甲油来补救。我在货架上扫了几眼，看到了

[①] *Glitter and Glue*，作者 2014 年出版的一本书，书名出自作者母亲的一句话："你爸爸是光芒而我是胶水。"

一模一样的款式——恒适①、暖黄色、高腰、脚趾加厚——我就拿了一摞。

结果我被抓住了。我妈不得不来保释我。我们被保安训了很久才出来,到了停车场,上了车,谁都不说话,气氛降到了冰点。我妈脸色发青,气到发抖,甚至连车钥匙都插不进去。我可怜兮兮地说:"连裤袜是想送你的。"她扇了我一个巴掌,鼻子都打出血了,我看到一滴血溅到了车窗上。

现在这件事已经过去三十年了。我坐在奥克兰的一家咖啡馆里,写下这个故事,边敲字边想:我简直是在浪费时间!我妈肯定不会让我把这件事写进书里的。但这个记忆太鲜活了,每个细节都历历在目,我下笔如有神。(我大概写一两百个故事,才会有一个能写得这么顺。)几个月后,我把整本书的草稿拿给我妈看。大概一周之后,她打电话跟我说:"凯莉,我觉得这本书非常好。我一个错字都没找到,语法也都很正确。"(她以前是老师,特别爱挑这种错。)我说:"那太好了。对了,你觉得我偷东西那事怎么样?我可以写出来吗?""当然。""你虐待儿童那部分也没问题?"她大声笑了!她说:"我跟你说,凯莉,有时候我觉得你们这一代人太怕自己的孩子了。"

JH:我也很开心她能点头,那个故事真的很棒。接下

---

① Hanes,美国服装品牌。

来，我想问一下，《把好脾气留给爱你的人》这本书是如何诞生的呢？

KC：当时我和我丈夫在争论，到底是"对不起"比较好，还是"我错了"比较好。我觉得如果事情真的很严重的话，说"对不起"不如说"我错了"，这样才能打开心结。"对不起"不够诚恳，太敷衍了。

后来我们又聊到如果成年人想维持长期稳定的关系，有哪些话是可以说的。所以，接下来的这几年，我一直注意倾听，听我朋友们的故事，问他们："怎样说话才能让事情变得更好？"然后我会把他们说的记录下来。

"然后呢"是我的大学室友特蕾西·塔特尔说的。她那时在尝试用一种新的方式和孩子们交流，就是不要总是试图直接帮他们解决问题，而是引导他们讲出故事背后的整个故事。举个例子，当孩子说"老师对我不好"之类的时候，我的朋友不会说"也许是因为老师今天不开心"，而是说"然后呢，继续，还有呢？"她说这招儿用来对付老公也很好用，你懂的，有时候对孩子们有效的招儿同样适用于老公……

我是一个积极的人，从不犹豫。我很主动，喜欢解决问题。但大部分情况下，当你觉得自己两秒钟就能搞定的时候，要么是你大错特错，要么是你剥夺了别人自己解决问题的机会，这很打击他们的自信。所以我也开始学着说"然后呢"，而不再说我是如何如何想的。

JH：我想听你聊聊写作。你是个什么样的作家？喜欢怎样创作？创作过程是怎样的？对哪些方面比较有压力？你理想的工作环境是什么样的？什么情况下，你会觉得自己写得顺风顺水？

KC：几乎没有。我常常觉得自己在逆风爬坡。不过呢，阅读是写作的起点。你得先接收一些信息，然后解析，深入理解。我有英语文学硕士学位，我了解文学批评家是如何做的，这无论是对于欣赏名著还是思考作品是如何创作出来的，都是一个很好的方法。解构创作是一件很有趣的事情；你读到的东西会让你想起你经历过的事、读过的书，这些和书页上的字结合起来，会产生一种奇妙的化学反应，在书籍和读者之间建立有意义的联结。在那一瞬间，会发生一些神奇的事情。故事有影响别人的能力，让人想起某个人，或是让人感到自由，这太令人激动了。这就是我不停写作的原因。

JH：你一般什么时候写作呢？喜欢怎么写作？是不是需要在安静的房间里才能写作呢？

KC：奥克兰有一家我非常喜欢的咖啡馆，他们提供浓咖啡，而且早餐很好吃，两个水煮蛋配上鳄梨和绿叶菜，再撒上切碎的红辣椒和一点结晶片盐（flaky salt），我不知道他们是从哪里弄来的，光为这盐去一趟也值了。在外面吃早餐好像有一点奢侈。这些东西让我觉得像是满汉全席，那里很漂亮，灯光很唯美，大家忙着各种事情，有人亲切地给我送上一叠食物,比我自己做的任何东西都好吃。

对于一个早上七点钟洗澡、八点钟出门的人来说,一上午都能穿着睡衣应该是很美好的。但实际上,家里可不是写作的好场地。因为在家总有这样那样的事情要做。当我的眼神从笔记本屏幕上移开,想着这个想法要怎么表述的时候,就会看到家里的橱柜,接下来我会拿上一把在车里用的那种一次性牙刷,跪下来清理柜脚,边擦边想,天啊凯莉,你为了不去想那个句子真是什么都做得出来。因为通常情况下我是绝不会去清理这些边边角角的。有时候我特别想写作,有时候又特别厌烦,就是这么奇怪。

JH:你认为第一本对你产生深刻影响的书是哪一本?

KC:《杀死一只知更鸟》[1]。我很久之前就听说过这本书,但一直没看过。当时老师让我们以这本书作为家庭作业。我本来以为这本书肯定很枯燥,得有耐心才能读完。结果当我开始看斯考特的故事时,我一直在想,不敢相信这个作者是通过一个小姑娘的视角讲述了整个故事。这个假小子,她深爱着她的父亲,希望得到哥哥的关注和尊重。

JH:有没有哪本书是你会反复阅读的?

---

[1] To Kill a Mockingbird,美国作家哈帕·李(Harper Lee)的长篇小说,作品以六岁女孩斯考特(Scout)的视角讲述整个故事。

KC：玛丽琳·罗宾逊①的《基列家书》。她太棒了。我向三十个人推荐了《基列家书》。这本书是以第一人称的视角写的，这个点超级打动我。讲述者是一个时日无多的牧师，他为自己的儿子写下了自己生命长河中的种种故事。他在晚年的时候才娶妻生子，他希望自己的儿子能明白，他很开心能成为他的父亲。这本书讲述了我们生活中的种种重要经历——家庭、爱情、信仰以及怀疑、骄傲与悔恨，而且每一句话都很动人。这本书能让我平静。

JH：我喜欢"我不知道"这一章，特别是你说的那句："当你作出改变的时候，其他人一点儿都不喜欢这种改变。"

KC：我很喜欢那些能够改变想法的人，他们明白自己不是全知全能的。我堂姐凯茜是我生命中非常重要的一个人……她很理智，失去儿子亚伦让她变得更理智了。亚伦在他大一那年出车祸去世了。我堂姐从来不曾回避过这件事，她跟我说，那十年间她一直在问自己："为什么会发生这种事？"这听起来很有趣，也很心酸，这对她是毁灭性的打击。这个问题是想寻找某种确定性，但这种确定性可能并不存在。最终她明白了，这件事之所以发生就是因为它可能会发生。

---

① Marilynne Robinson，美国女作家，《基列家书》(Gilead)为其代表作之一，这是一部宗教哲理小说。牧师埃姆斯年事已高，自感时日无多，给七岁的儿子写下这部家书，详细描述了小镇基列从南北战争到1995年一个多世纪间的变迁，成为一部浓缩的美国近代史。

车子会打滑，玻璃会碎，金属可能刺进身体。

我们总希望事情听起来能讲得通——这是我的错，这是他的错，是因为下雨，是因为路况不好。我们希望每个故事都有警示意义，告诉我们一个摆脱未知的方法，让我们能放下、能继续前进。

为什么是他当选？为什么公司无法运营？为什么婚姻破裂了？为什么他的孩子有这样那样的问题？我们总是在寻找答案，但很多事情根本没有答案。

如果我们能接受"我不知道，你也不知道"这个事实，就能更深入地去聊天。如果我后来没再找这些人聊这些故事——我的故事还有他们的故事，也许就不会写这本书了。我其实只是想好好聊个天。

JH：你能聊聊绿丸吗？他去世后，我给家里所有人都写了信。看了《中间地带》(*The Middle Place*)后，他对我触动特别大。感觉好像是我们都深爱着的某个人去世了。

KC：今天晚上我刚刚遇到一位很厉害的女士，前不久她的妈妈去世了。我告诉她，我爸爸去世之后我经常哭。那六个月里我几乎每天都哭，是真的哭。我失去了一位至亲，这让我非常哀痛。我和我爸爸的关系很简单、纯粹，无须费心维持。我们之间相处得很轻松，什么都能说，我不需要更多，也不觉得他给的太多。我知道我的哥哥们也是这么想的。他不只是我的爸爸，也是他们的爸爸。

他去世三个月后的一天，我正在开车，开着开着又哭了，心想这太不可思议了。他去世的时候已经八十五岁了，而我五十岁，还有着美满的人生，我哭得太凶了，以至我不得不靠边停车擤鼻涕。我并不感到羞耻，只感到震惊，原来人们会彼此相爱到这个程度。太神奇了。不知道如果我的孩子们在五十岁的时候失去我，会不会也因为我们对彼此非常重要而哭成这样。正是这种深刻的联结才能完全展示出我们生而为人的特质。

凯莉·柯利根，被《奥普拉杂志》[1]评价为"时代之声"，《赫芬顿邮报》[2]赞誉其为"平民桂冠诗人"[3]。著有自传回忆录《中间地带》、《上升气流》(*Lift*)、《光芒与胶水》和《把好脾气留给爱你的人》(*Tell Me More*)，均为《纽约时报》畅销书。曾担任南塔克特项目（The Nantucket Project）的创意总监，负责主持座谈会，讨论生命中什么是真正重要的。与几位朋友一起创办了名为"音符和语言"（Notes & Words）的慈善音乐会，每年一次，届时作家与音乐家会同台演出。截至目前，音乐会已经为加州大学旧金山分校贝尼奥夫儿童医院（UCSF Benioff Children's Hospital）募集了800万美元。现与丈夫爱德华·利克蒂以及两位女儿乔治娅和克莱尔居于加州奥克兰近郊。

欢迎大家在线收听凯莉·柯利根在旧金山公共广播电台（KQED）的播客《没错》(*Exactly*)。

---

[1] *O, The Oprah Magazine*，一本女性杂志，由奥普拉·温弗里于2000年创刊。
[2] *HuffPost*，美国一家新闻网站。
[3] 希腊神话中，达佛涅（Daphne）为了逃避阿波罗（Apollo）的追求，变成了月桂树，痛失爱情的阿波罗摘了一些月桂树的枝叶，做成花冠戴在头上，表示对达佛涅的纪念。后世所说的"桂冠诗人"（Poet Laureate）便源于这个故事。"桂冠诗人"封号始于1668年的英国，由王室封赏。美国桂冠诗人荣誉头衔则始于1985年，由美国国会图书馆设立。